集人文社科之思　刊专业学术之声

集 刊 名：会计论坛
主办单位：中南财经政法大学会计研究所
本辑责任编辑：康　均

ACCOUNTING FORUM Vol.19, No.1, 2020

编　　辑　《会计论坛》编辑部
电　　话　（027）88386078
传　　真　（027）88386515
电子邮箱　kjltzuel@foxmail.com
通讯地址　中国·武汉市·东湖高新技术开发区南湖大道 182 号
　　　　　中南财经政法大学会计学院文泉楼南 607 室
邮政编码　430073

第19卷，第1辑，2020年

集刊序列号：PIJ-2019-411
中国集刊网：www.jikan.com.cn
集刊投约稿平台：www.iedol.cn

中国社会科学引文索引（CSSCI）来源集刊
中国学术辑刊数据库（CNKI）入选辑刊

会 计 论 坛

ACCOUNTING FORUM

第19卷 第1辑 2020年 / Vol.19, No.1, 2020 / （总第37辑）

中南财经政法大学会计研究所 编
ACCOUNTING INSTITUTE
ZHONGNAN UNIVERSITY OF ECONOMICS AND LAW

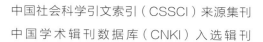
社会科学文献出版社
SOCIAL SCIENCES ACADEMIC PRESS (CHINA)

第 19 卷，第 1 辑，2020 年
Vol. 19, No. 1, 2020

会 计 论 坛

Accounting Forum

目 录

第 19 卷，第 1 辑，2020 年
Vol. 19, No. 1, 2020

会 计 论 坛

Accounting Forum

CONTENTS

第 19 卷，第 1 辑，2020 年
Vol. 19, No. 1, 2020

会 计 论 坛
Accounting Forum

国家审计如何促进经济高质量发展 *

——基于经济增长质量的研究

陈　骏　　周陈全

【摘　要】新时代国家审计的首要职责与使命是促进经济高质量发展。本文从经济增长质量的视角，考察了国家审计对经济高质量发展的影响。本文以 2004～2015 年中国省级数据为研究样本，以《中国经济增长质量发展报告》披露的指数度量经济增长质量，运用主成分分析法构建了国家审计效能指数。回归结果显示，国家审计效能指数及其三项基本功能指数均与地区经济增长质量呈正相关关系，表明国家审计通过信息传递、行为威慑与制度纠偏等治理功能促进了经济高质量发展。进一步研究发现，国家审计有助于提升经济增长效率、改善经济增长结构、优化资源利用与生态环境、提高国民经济素质；国家审计在制度环境较强和经济状况较好的地区，对经济增长质量的提升效果更明显。本文的研究为理解国家审计对地区经济增长质量的影响提供了增量的经验证据，丰富与补充了国家审计与经济增长质量的相关文献。

【关键词】国家审计；经济增长质量；国家审计效能指数；国家治理

收稿日期：2020 - 01 - 18

基金项目：教育部哲学社会科学研究重大课题攻关项目（19JZD027）；江苏省高校哲学社会科学研究项目（2017SJB0331）；江苏省研究生科研创新计划项目（SJKY19_ 1582）

作者简介：陈骏，男，南京审计大学政府审计学院教授，chenjun_ nau@ aliyun. com；周陈全，男，南京审计大学政府审计学院硕士研究生。

* 作者感谢审稿专家和编辑部对本文的宝贵意见，但文责自负。

一、引言

中国特色社会主义进入新时代，我国经济发展的基本特征已由高速增长转向高质量发展。党的第十七次全国代表大会上首次提出"高质量发展"的表述，推动经济从高速增长向高质量发展是遵循经济发展规律的必然要求，也是保持我国经济持续稳定健康发展的必然选择。党的十九届四中全会公报强调，"坚持和完善社会主义基本经济制度，推动经济高质量发展"。这一要求指出，应充分发挥市场在资源配置中的决定性作用，更好地发挥政府作用，特别是在营造多种所有制公平竞争的法治化市场环境、制定合理规范的分配方式、完善社会主义市场经济体制、科技创新体制，以及开放性经济新体制方面的作用。[①] 作为一种内生于国家治理体系的监督机制，国家审计机关依法通过审计权力，对国家治理体系中的执行机制实施监督、服务国家治理体系的决策机制。在我国经济高质量发展的进程中，国家审计对维护良好的市场环境、推动经济体制机制的深化改革和完善发展发挥着重要的作用。

从国家审计的发展看，审计监督已成为党和国家监督体系中的重要组成部分，在国民经济与社会发展中的地位与作用愈加凸显。在中央审计委员会第一次会议上，习近平总书记充分肯定了自审计署成立以来，国家审计机关在严肃国家财经法纪、维护财经秩序、加强廉政建设、推动经济社会发展等方面发挥的积极作用。[②] 胡泽君（2018）指出新时代审计工作的职责和使命是"四个促进"，即促进经济高质量发展、促进全面深化改革、促进权力规范运行、促进反腐倡廉。可见，推动经济高质量发展已成为国家审计的首要任务，其他三项"促进"亦与经济高质量发展息息相关。近年来，国家审计机关在推进党中央政令畅通、助力打好三大攻坚战、维护财经秩序、保障和改善民生、推进党风廉政建设等方面做出了重要贡献。[③]

以自然资源资产离任审计为例，在中央对地方领导干部考核"不唯 GDP 论英雄"的背景下，党的十八届三中全会提出对领导干部实行自然资源资产离任审计[④]，2015 年和 2017 年中央全面深化改革领导小组分别审议通过《关于开展领导干部自然资源资产

---

① 参见党的十九届四中全会公报：《中共中央关于坚持和完善中国特色社会主义制度 推进国家治理体系和治理能力现代化若干重大问题的决定》。2019 – 11 – 06，http：//cpc. people. com. cn/n1/2019/1106/c64094 – 31439558. html。

② 参见：《习近平主持召开中央审计委员会第一次会议》。2018 – 05 – 23，http：//www. gov. cn/xinwen/2018 – 05/ 23/content_ 5293054. htm。

③ 参见：《习近平对审计工作作出重要指示》。2020 – 01 – 02，http：//www. audit. gov. cn/n4/n19/c136407/ content. html。

④ 参见党的十八届三中全会公报：《中共中央关于全面深化改革若干重大问题的决定》。2013 – 11 – 15，http：// finance. people. com. cn/n/2013/1115/c1004 – 23559387. html。

离任审计的试点方案》《领导干部自然资源资产离任审计规定（试行）》。根据审计署的统计，自 2015 年试点至 2017 年 10 月，全国审计机关共实施审计试点项目 827 个，被审计领导干部达到 1210 人。[①] 黄溶冰等（2019）的研究发现，2015 年开始试点的领导干部自然资源资产离任审计对本地空气质量的改善具有显著正向作用，有助于克服 GDP 导向的地方官员晋升模式的痼疾。由此可见，作为经济高质量发展的重要内容之一，国家审计在保护自然资源和生态环境、推动生态文明建设方面具有重要的现实意义。

国家审计推动经济高质量发展的作用路径并非仅限于自然资源资产离任审计，国家审计正在通过诸如重大政策跟踪审计、经济责任审计、财政审计、金融审计、民生审计、企业审计等多种审计业务推动经济高质量发展。本文正是基于此背景，从经济增长质量的视角，考察国家审计对经济高质量发展的影响。研究以 2004～2015 年的省级数据为样本，以《中国经济增长质量发展报告》披露的省级经济增长质量指数衡量经济增长质量，运用主成分分析法构建国家审计效能指数。多元回归结果显示，国家审计效能指数及其三项基本功能指数均与地区经济增长质量呈正相关关系，表明国家审计通过信息传递、行为威慑和制度纠偏等治理功能促进了经济高质量发展。进一步研究表明，国家审计有助于提升经济增长效率、改善经济增长结构、优化资源利用与生态环境、提高国民经济素质；国家审计在制度环境较强和经济状况较好的地区，对经济增长质量的提升作用更明显。本文采用工具变量的两阶段最小二乘法和国家审计基础指标进行了稳健性检验，研究结论保持不变。

本文研究的可能贡献主要体现在以下三方面。（1）运用主成分分析法构建国家审计效能指数，可以综合全面地反映和刻画国家审计在国家治理体系中的作用。现有文献中多以刘家义（2012）提出的国家审计"免疫系统论"为基础，采用某个指标度量国家审计某一方面的功能作用，如刘雷等（2014）、郑石桥和梁思源（2018），这些指标单一使用仅能管中窥豹，难以全面刻画国家审计的综合效能。因此本文选用主成分分析法，综合国家审计的三个维度九项指标，构建了国家审计效能指数，有助于更全面地考察国家审计对地区经济发展的贡献。（2）本文以经济增长质量为研究视角，不同于李明和聂召（2014）的研究仅关注国家审计对经济发展速度的影响。从国家审计的实践角度来看，国家审计通过八种主要类型的审计业务，对国民经济与社会运行中的公共权力和公共资源运用、公共政策执行、公共信息披露开展监督、评价和鉴证。可见，国家审计不仅仅可以提高经济增长速度，更能改善经济增长的质量。因此，本文的研究丰富了国家审计的研究文献，并为更好地发挥国家审计在国家治理体系中的

---

① 参见：《建立经常性审计制度 规范开展领导干部自然资源资产离任审计 推进生态文明建设——审计署负责人就〈领导干部自然资源资产离任审计规定（试行）〉答记者问》。2017 - 11 - 28，http://www.gov.cn/zhengce/2017 - 11/28/content_ 5242968. htm。

监督作用提供了经验证据支持。（3）本文的研究有助于丰富经济增长质量相关的研究文献。关于经济增长质量的研究主要是从经济、政治、法律、社会等影响因素展开，但对治理体系中监督机制的影响鲜有探讨。本文从国家审计视角，研究了国家治理体系中的监督机制对经济增长质量的影响，对现有研究经济增长质量的文献形成了有益补充。

二、文献回顾

为更好地理解国家审计对经济增长质量的影响，本文从经济增长质量的影响因素与国家审计的治理功能两个方面对相关领域的文献进行回顾与梳理，为进一步开展本文研究提供思路。

（一）经济增长质量

对一国经济增长状况的判断，不能仅依据经济增长的速度，更须关注经济增长的质量。经济增长质量从本质上来说属于规范性的价值判断。关于经济增长质量的研究主要集中于三方面：一是经济增长质量的内涵，二是经济增长质量的衡量，三是经济增长质量的影响因素。

1. 经济增长质量的内涵

关于经济增长质量的研究首先必须回答的问题就是经济增长质量的内涵究竟是什么。早期关于经济增长质量的研究，主要是从狭义的角度理解，将之界定为相对于经济增长速度而言的经济增长效率（卡马耶夫，1983；沈利生和王恒，2006；袁云峰和曹旭华，2007；范子英和张军，2009；朱承亮等，2009；邓明和王劲波，2014；等等），由此学者们从经济增长效率的角度对经济增长质量展开了相关研究（朱承亮等，2011；傅元海等，2016；李雪松等，2017）。与此同时，诸多学者尝试从广义的角度对经济增长质量的内涵加以界定，其中比较有代表性的观点认为经济增长质量涵盖与经济增长紧密相关的政治、社会、制度乃至自然、文化宗教等多方面因素（肖红叶等，1998；温诺·托马斯等，2001；Robert，2002），它与经济增长速度互为补充，经济增长质量是从经济的内在性质（包括过程和结果）反映经济增长的（钞小静和惠康，2009），目标是追求经济增长的有效性，核心是反映人的发展（任保平和钞小静，2012；任保平，2013）。叶初升和李慧（2014）更进一步认为，经济增长质量是一种发展理念，判断是否提高了生活质量，提高了人民构建自己未来的能力（即可行能力）。

综合上述观点，不难发现，广义的经济增长质量将经济增长速度（或数量）之外的各种因素皆纳入其中，涵盖的范畴较广，内容涉及教育、健康、环境、法律、社会秩序等，这无疑导致经济增长质量的外延难以确定。本文赞同钞小静和惠康（2009）的观点，一些学者混淆了经济增长与经济发展的概念，前者是与经济增长紧密相关的经济因素，后者还包括政治、社会、人文及其他因素。经济增长质量反映了经济增长的优劣程度，体现在经济增长的过程方面包括经济增长的结构和波动性，体现在经济增长的结果方面包括经济增长的福利变化、成果分配、资源利用以及生态环境等（钞小静和惠康，2009）。

2. 经济增长质量的衡量

对经济增长质量合理客观的衡量是经济增长质量研究中的重要内容。然而，由于对经济增长质量定义缺乏明确的界定，因而度量经济增长质量的指标也各不相同。归纳而言，一类是采用单一指标衡量经济增长质量，应用较为广泛的是以全要素生产率为衡量指标（沈坤荣，1998；郭庆旺等，2005；周晓艳和韩朝华，2009；蔡昉，2013；林春，2017；等等），将经济增长质量等同于经济增长效率，然而该指标也存在一些局限性（康梅，2006；林毅夫和任若恩，2007；等等）。郑玉歆（2007）分析指出以全要素生产率度量经济增长质量存在的局限主要体现为，仅反映即期生产要素的经济效果，难以避免投入与产出数据之间的非对应性，无法全面反映资源配置的状况等。为此，沈利生和王恒（2006）、范金等（2017）提出以增加值率替代全要素生产率衡量经济增长质量，然而他们也承认增加值率仅限于传统投入产出表的统计现象分析，目前尚缺乏现代主流经济学系统理论和实证研究，也不清楚在多大程度上能代表经济质量，因而在研究中须谨慎使用。

另一类是采用多指标构建指标体系衡量经济增长质量。一般认为，经济增长质量涉及诸多方面，不能采用单一指标衡量，应采用复合指数表示（任保平和钞小静，2012；任保平，2013）。肖红叶等（1998）首先提出对经济增长质量的理解应从四个方面展开，即稳定性、协调性、持续性以及内在的增长潜力，这为后来的研究指明了方向，但目前仍未达成一致的观点。康梅（2006）将经济增长归纳为三个因素，即规模增长、硬技术进步和软技术进步。刘树成（2007）认为经济增长态势的稳定性、增长方式的可持续性、增长结构的协调性和增长效益的和谐性四个方面构成了经济增长质量衡量的主要内容。钞小静和惠康（2009）、钞小静和任保平（2011）构建了包含经济增长的结构、稳定性、福利变化与成果分配，以及资源利用和生态环境代价四个维度的经济增长质量指数。魏婕和任保平（2012）从经济增长的过程和结果出发，构建包括经济增长的效率、结构、稳定性、福利变化与成果分配、生态环境代价以及国民经济素质六个维度的经济增长质量指数。叶初升和李慧（2014）则选取了充足营养、知识水平、居住质量、生活环境、闲暇活动、自由出行六个维度的观测指标。孔群喜等（2019）构建了包括经济增长效率、经济增长稳定性和经济增长可持续性三个维度的经济增长质量指数。朱子云（2019）提出的经济增长质量指数包括经济增长的有效性、经济性、创新性、协调性和负面性等六项因子。上述关于经济增长质量的复合指数衡量方法均具有自成体系的理论分析框架，难分优劣，其中钞小静和惠康（2009）、钞小静和任保平（2011）以及魏婕和任保平（2012）提出的构建指标的方法得到了较高的认同和较为广泛的借鉴。因此，本文的研究会直接引用他们提出的指标体系。

3. 经济增长质量的影响因素

经济增长质量受到经济、政治、法律、社会乃至人文、自然环境等诸多因素的影响，这已被学者们广泛关注并开展了相关研究。经济因素最为受到学者们的关注，此类研究从宏观层面到微观层面均有所涉及，研究结果表明：（1）财政方面，财政分权是影响中国地区经济增长效率的重要因素之一（范子英和张军，2009；邓明和王劲波，2014；林春，2017）；（2）外资外贸方面，外资企业的技术转移、对外直接投资和服务出口对经济增长质量均产生了显著积极的影响（沈坤荣和傅元海，2010；随洪光，2013；戴翔，2015；孔群喜等，2019）；（3）金融方面，我国金融发展通过资本积累促进经济增长效率的提升（袁云峰和曹旭华，2007）；（4）市场化方面，区域一体化通过促进要素流动、结构升级以及区域间合作提升了地区经济增长效率（李雪松等，2017）；（5）产业结构方面，制造业结构高度化对经济增长效率具有负面作用，制造业结构合理化对经济增长效率具有正面作用（傅元海等，2016）；（6）房地产市场方面，房价泡沫抑制了经济的高质量发展（郭文伟和李嘉琪，2019）；（7）微观企业方面，技术投资提升了经济增长质量，企业固定资产投资和权证投资降低了经济增长质量，民营企业的投资活动对经济增长质量具有提升作用（郝颖等，2014）。

其他方面的研究则相对较为分散。（1）政治因素方面，王欣亮等（2018）、詹新宇和刘文彬（2018）的研究发现地方官员的晋升、更换与交流，对所任职地区的经济增长质量产生了提升效应。（2）法律因素方面，何兴邦（2018）、陶静和胡雪萍（2019）的研究指出加大环境规制对提升中国经济增长质量具有显著且稳定的促进作用。（3）社会因素方面，朱承亮等（2011）、刘海英等（2004）的研究认为，人力资本结构是影响经济增长效率的重要因素之一；钞小静和任保平（2014）的研究表明城乡收入差距过大，会影响经济增长的基础条件、运行过程和最终结果，从而对经济增长质量产生制约作用。（4）人文环境方面，李娟伟等（2016）的研究发现儒教伦理的文化资本和商业精神的文化资本可通过人力资本、组织效率以及市场效率等促进经济增长效率提升。（5）自然环境方面，钞小静和任保平（2012）的研究发现中国经济转型期自然资源和生态环境的利用与经济增长质量之间存在显著的正向关系。

综上可见，一方面，影响经济增长质量的因素甚多，涉及面较广；另一方面，影响因素主要集中于和经济增长直接相关的经济范畴。因而，仍存在较多值得进一步探讨的话题和研究的领域，特别是在党的十九届四中全会提出推进国家治理体系和治理能力现代化的背景下，从国家治理体系的视角推进和拓展关于经济增长质量影响因素的研究显得尤为必要。

（二）国家审计促进经济增长的机制

作为国家治理体系中的一项基础性制度安排（刘家义，2015），国家审计在促进区域经济增长中发挥着重要的监督功能。刘家义（2012，2015）提出国家审计的主要职责是促进国民经济与社会的健康运行和科学发展；胡泽君（2018）进一步指出促进经济高质量发展是国家审计新时代的职责和使命。诸多学者对国家审计如何促进经济增长展开了讨论。

首先，国家审计通过维护国家经济安全促进经济增长，此类研究主要采用规范研究方法论证国家审计维护国家经济安全的理论基础、功能定位和实施路径。在理论基础方面，蔡春等（2009）从审计的历史、理论、法律、国际经验和现实层面分析了政府审计维护国家经济安全的基本依据和作用机理；张庆龙和谢志华（2009）从审计本质、政府监管、制度均衡的视角探讨了政府审计在维护国家经济安全方面发挥的战略防御、微观制度清除与修补作用。在功能定位方面，唐建新等（2008）认为国家审计是国家经济安全保障体系的重要组成部分，通过对国家经济安全政策制定与执行的审计，监督国家经济安全政策的贯彻实施，并向政府部门反馈信息、提供意见和建议，促进政策的调整与完善，发挥国家经济安全预警的功能；王素梅等（2009）指出维护国家经济安全是政府审计的职责所在，国家审计应在国家宏观经济政策制定与实施、国家重点行业的运行、国家金融安全、国家可持续发展等方面发挥监督、预警和服务作用。在实施路径方面，杨建荣（2009）论述了在经济全球化背景下，政府审计维护国家经济安全的六个主要方面，包括监督宏观调控、监控金融体系风险、保障重点行业安全、评估环境成本、审计对外投资以及调查国际分工中的产业升级。左敏（2011）认为政府审计应以落实权力主体经济责任和监督公共资源整体性、公共责任落实、公共政策执行、公共风险，保障公共资源安全、公共权力运行、公共管理安全，保障宏观经济安全；尹平（2011）论述了政府审计维护国家经济安全的机制设计与构建，阐述了明确行为依据、认知活动领域、优化作用方式、厘清运行路线、强化素质与管理保障五方面的构建内容与实施路径。上述研究从理论和实践层面，阐明了国家审计如何维护国家经济安全，而经济安全是保障经济增长持续稳定发展的基础。因此，国家审计可以通过维护国家经济安全，夯实经济增长的基础从而促进经济高质量发展。

其次，国家审计通过促进经济发展方式转变推动经济增长。我国的经济增长正在经历经济发展方式的转变，由粗放型量的扩张转向集约型质的提升。在此背景下，王耘农等（2011）和张金辉（2014）从国家审计促进经济发展方式转变的角度展开了论述。研究认为国家审计应立足国家经济发展方式的转变，充分发挥审计的监督职能，一方面是对国家各项转变发展方式的政策措施的落实情况进行跟踪审计，服务宏观决策；另一方面是通过督促违反转变经济发展方式的违规行为整改到位，推动健全与完善经济发展方式的体制机制（王耘农等，2011）。张金辉（2014）进一步从五个方面详细论述了国家审计促进转变经济发展方式的实现路径，包括国家审计促进宏观经济政策执行、促进制度建设和腐败治理、促进科技进步和创新、促进生态环境保护、促进政府绩效管理。上述研究明确了国家审计在促进经济发展方式转变中的功能、方式与路径，为加快经济发展方式转变、实现经济的可持续高质量发展提供了制度保障。

最后，国家审计促进经济增长的作用路径，即国家审计通过何种路径在促进经济增长中发挥作用。此类研究多采用实证研究的方法，研究领域涉及政府治理效率、财政资金安全、公共服务、腐败治理、国企监督等诸多与经济增长直接或间接相关的方面。在政府治理效率方面，李明和聂召（2014）、Bologna 和 Harger（2019）的研究发现国家审计通过提升地方政府治理效率显著促进了地方经济的长期发展；也有研究发现，国家审计可以通过规范政府采购（Zamboni and Litschig, 2018），有效约束政府行为、促进市场经济发展（树成琳和宋达，2015）。在财政资金方面，Baber（1983）、韦德洪等（2010）、刘雷等（2014）、赵保卿和张婧（2017）、郑石桥和梁思源（2018）以及陈艳娇和张兰兰（2019）的研究表明政府审计能有效保障和提升财政资金运行的安全性，促进财政资金的运行效率提升；Schelker（2008）、朱荣（2014）、Rakhman 和 Wijayana（2019）的研究表明国家审计能够促进地区财政透明度的提升。在公共服务方面，韩峰和吴雨桐（2018）与韩峰（2019）的研究指出，国家审计可以通过促进公共服务投资、优化公共服务投资布局、提高公共服务投资利用率，弥补公共服务供给的缺口。在腐败治理方面，Di Tella 和 Schargrodsky（2003）、Olken（2007）、Liu 和 Lin（2012）、崔云和朱荣（2015）、王会金和马修林（2017）、Avis 等（2018）的研究认为政府审计在腐败治理过程中发挥着积极且重要的作用。在国企监督方面，王兵等（2017）的研究发现国家审计能抑制国有企业的过度投资行为；褚剑和方军雄（2016）的研究发现政府审计能抑制央企高管的超额在职消费；褚剑等（2018）的研究表明政府审计的监督效应、激励效应和溢出效应有助于促进国有企业的创新活动。

上述研究成果，为理解国家审计促进经济增长提供了较为坚实的理论基础和较为丰富的经验证据。然而国家审计如何促进经济高质量发展，尤其是它对经济增长质量的影响，所受关注仍较为欠缺。国家审计保障国家经济稳定健康发展是其应有之义，促进经济高质量发展已成为新时代国家审计的首要职责，因而国家审计是否以及如何影响经济增长质量的命题亟待得到解答。

三、理论分析与研究假说

国家审计促进经济高质量发展的职责和使命是由其本质所决定的。国家审计的本质是解除政府的公共受托责任，杨时展（1997）认为国家审计受人民的委托，验证受托人履行人民赋予责任的情况，对于符合委托人意愿的，解除其受托责任；对于违背委托人意愿的,应提出意见并帮助其更好完成。公共受托责任理论明确了作为受托责任人的公共部门应履行的受托责任,具体包括:行使人民赋予的公共权力,分配和使用人民让渡的公共资源,制定和执行维护人民利益的公共政策,最终有责任向人民披露其行使公共权力、管理公共资源和执行公共政策的相关信息。国家审计关注公共受托责任,其主要职责是:"维护国家经济秩序,提高公共资金、国有资产、国有资源的使用效益,促进经济高质量发展,促进全面深化改革,促进权力规范运行,促进反腐倡廉,保障国民经济和社会持续健康发展"①。可见,基于公共受托责任理论,国家审计的核心职责是解除受托责任人的公共受托责任,具体而言,是通过对公共部门公共权力行使和公共资源使用的行为监督、对公共政策执行的制度评价、对公共信息披露的鉴证,推动国家治理体系和治理能力的现代化,最终目标是保障国民经济和社会持续健康发展,这正是经济增长质量最集中的体现(如图1所示)。

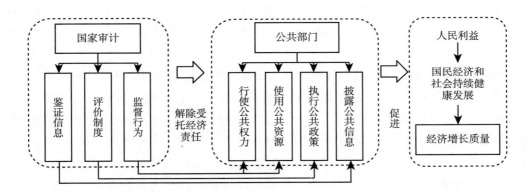

图1 国家审计促进经济增长质量提升的理论框架

首先,国家审计通过对公共权力的监督,促进权力规范运行和反腐倡廉,提升经济增长质量。公共部门适当行使公共权力,制定公平完备的公共政策、合理配置公共资源,公正监管市场经济秩序,尽职履行公共受托经济责任,将在较大程度上推动经济高质量发展。国家审计机关因其地位独立、职责法定,可以不受利益羁绊地对行政权力运行状况、公共资源配置状况、市场经济规则执行状况等实施审计监督,约束公共部门行使民众赋予的行政权力,塑造廉洁的政府,为经济高质量发展营造公平和规范化的区域经济发展环境。具体而言,一方面,对党政领导干部和国有企业领导人履行经济责任情况开展审计,对领导干部管辖范围内贯彻执行党和国家经济方针政策和决策部署、防控重大经济风险、推动经济社会发展等有关经济活动开展独立客观的评

---

① 参见:《关于〈中华人民共和国审计法(修订草案征求意见稿)〉向社会公布征求意见的通知》。2019 - 03 - 15,http://zizhan.mot.gov.cn/sj2019/caiwusjs/tongzhigg_ css/shenjijd_ tzgg/201903/t20190329_ 3182374.html.

价，以权力运行和责任落实为评价重点，有力促进领导干部遵纪守法，履职尽责。另一方面，国家审计与纪检、监察、巡视协同监督，揭露和查处重大违纪违法问题，发挥威慑作用，维护国家财政经济秩序，推动反腐倡廉建设。根据《国务院关于 2018 年度中央预算执行和其他财政收支的审计工作报告》披露的信息，2018 年度各项审计共发现并移送问题线索 478 起，涉及公职人员 810 多人，造成损失浪费 380 多亿元。

其次，国家审计通过对公共资源使用的监督，提升经济增长质量。民众将公共资源委托给公共部门，并由公共部门提供满足社会公共需求的高质量的公共产品和公共服务，为经济高质量发展打造良好的公共基础设施和区域发展环境。国家审计机关通过对公共部门负责的公共资金、国有资产和国有资源的管理、分配和使用的效益进行审计，对公共部门预算管理、行政部门运行绩效等的监督，增强预算硬约束，压减不必要的行政开支，提升财政资金的配置效率，缓解资金结余沉淀和财政收支矛盾凸显的问题，促进财政支出结构优化，推进财政资金绩效和行政运行效率的提升，提高政府管理效能。高效的政府将对优化区域经济发展环境发挥根本性作用，对提升经济增长质量起关键性作用。

再次，国家审计通过对公共政策执行的评价，促进政令畅通，推动体制机制创新，推动经济高质量发展。公共政策之于经济增长的作用不言而喻，政府通过产业政策、财税政策、金融政策、环境政策、监管政策等对经济增长产生影响。当经济低迷时，政府会通过发布积极的政策刺激经济增长；当经济过热时，政府会采用遏制经济增长的紧缩政策。然而，公共政策本身也会因制定不合理或者执行不到位而影响经济增长的质量。国家审计一方面通过开展政策落实跟踪审计，揭示公共政策执行情况，促进政令畅通。审计署自 2015 年起持续开展国家重大政策措施落实情况的跟踪审计，2019 年主要围绕推动经济高质量发展、供给侧结构性改革、减税降费、三大攻坚战、乡村振兴战略以及稳就业、稳金融、稳外贸、稳外资、稳投资、稳预期等重大政策措施落实情况进行跟踪检查。另一方面从宏观全局、前瞻视角，揭示公共政策目标的实现情况，推动经济体制机制创新，促进深化改革。国家审计机关在审计过程中关注制约经济社会发展的体制机制性问题，对被审计事项的资金流、业务流、物资流和信息流进行监督，将风险防控的关口前移，及时发现问题、揭示潜在风险、查找突出问题，为政府公共政策的制定和完善提供重要决策信息和依据。可见，国家审计通过上述路径维护了一个开拓创新和负责任的政府，为区域经济高质量发展提供了宽松和充满活力的发展环境。

最后，国家审计通过对政府公共信息披露的鉴证，揭示经济社会运行中的风险隐患，促进营造公开透明的政府运行环境，提高经济增长质量。公共信息是评价受托责任人履行经济责任情况、解除公共受托经济责任的关键，真实可靠的公共信息将为民众提供公开透明的政府和市场的信息环境，促进政府与社会的良性互动，更容易赢得民众的信任与支持，更有利于维护良好的经济发展环境。国家审计作为一项专业和专门的监督职能，通过客观公正、专业权威的审计活动并公开披露审计结果，发挥信息鉴证的功能，向社会公众提供了对公共部门进行监督问责的基础，通过审计公开促进公共部门的决策、预算、绩效等治理信息公开，推进法治政府的建设和有力提升政府透明度。因此，国家审计通过维护透明政府，为经济高质量发展提供了诚信的经济发展环境。基于上述分析，本文提出研究假说：

H1：限定其他条件，有效的国家审计能提升经济增长质量。

那么，对于国家审计如何促经济的高质量发展，必须进一步论证国家审计所具有的功能作用。在国家治理体系中，国家审计被认为是具有预防、揭示和抵御功能的"免疫系统"（刘家义，2012）。这一思想引自生物医学领域，将国家审计比作国民经济与社会运行中的免疫系统，对于理解国家审计在国家治理中发挥的监督作用具有重要的指导意义。国家审计的免疫系统论认为，国家审计的预防功能就是对经济社会中的风险隐患进行预防和预警的功能，揭示功能是对各项政策措施贯彻执行的真实情况和存在问题及时反映的功能，抵御功能就是通过健全制度体制机制抵御经济社会运行中各种"病害"的功能。基于免疫系统论而提出的国家审计功能，体现了审计如何作用于审计对象的机制。

然而，要理解和研究国家审计推动经济增长的功能作用，并指导构建国家审计效能的衡量指数，还须将上述功能与审计对象的本质特征相结合。从审计理论看，审计对象可以概括为经济活动即经济行为，以及承载记录行为的信息和规范约束行为的制度（王文彬和林钟高，1989；郑石桥和郑卓如，2015）。公共权力行使和公共资源使用属于经济行为的范畴，公共政策是规范约束行为的制度，公共信息是承载记录行为的信息。因此，国家审计在监督公共权力行使和公共资源使用、评价公共政策的执行和鉴证公共信息中发挥的功能作用，可以从审计对象涵盖的信息、行为和制度三方面本质特征加以提炼和总结。本文在免疫系统论的基础上，认为国家审计的功能可以概括为：（1）信息传递功能，通过对公共部门披露信息的鉴证，向相关方披露或传递审计发现问题的客观信息，并对未来潜在的风险行为进行预警；（2）行为威慑功能，通过对公共部门行使公共权力和管理公共资源的行为监督，对审计发现问题的行为人和组织进行处罚，对未来风险行为产生威慑作用；（3）制度纠偏功能，通过对公共部门政策执行的评价，对审计发现问题的原因从体制机制上提出整改意见和建议，对未来风险行为的发生进行纠偏。基于国家审计具有的三方面功能，结合本文提出的研究假说1，进一步提出研究假说2：

H2a：限定其他条件，国家审计的信息传递功能能有效提升经济增长质量。

H2b：限定其他条件，国家审计的行为威慑功能能有效提升经济增长质量。

H2c：限定其他条件，国家审计的制度纠偏功能能有效提升经济增长质量。

四、研究设计

与已有的关于国家审计的实证研究不同，本文尝试构建一个可以综合衡量国家审计效能的指数，并将其应用于本文的研究之中。本部分将为已提出的研究假说设计证明过程，具体包括指数构建、关键变量的衡量、模型设定与变量定义、研究样本与数据筛选。

（一）国家审计效能指数的构建

考虑到国家审计效能所涵盖的内容较为宽泛，若仅通过某一项或几项指标测量，难免有失偏颇，必须借用某种方法将众多指标进行综合转化，才能全面反映区域国家审计的监督与治理效果，因此本文尝试选用主成分分析法（Principal Component Analysis，PCA）构造国家审计效能指数。本文从国家审计基本功能的内涵出发，以九项基础指标构建国家审计效能分项指数，采用主成分分析法确定各项指标的权重，计算国家审计效能指数。在构建指数的过程中，须重点解决以下两个关键问题。

1. 构造国家审计效能指数的步骤与方法

构造国家审计效能指数的基本步骤：（1）对国家审计基础指标的原始数据进行标准化处理；（2）计算相关系数矩阵；（3）计算基础指标权重；（4）计算综合评价值。

考虑到各项基础指标的属性和量纲量级不同，无法对其直接合成，因此在主成分分析前，须对指标原始数据进行属性和量纲的处理。对于指标属性不同的问题，若直接对不同属性的指标加总，其指数无法正确反映指标的综合结果，故本文对逆向指标采取倒数形式使其正向化，从而与正向指标趋同化。对于指标具有不同的量纲量级问题，若直接用基础指标的原始值计算，则会造成主成分过于偏重具有较大方差或较高数量级的指标，使国家审计效能指数无法客观均衡反映指标的全面结果，故本文对基础指标的原始数据采用均值化方法进行无量纲化处理。经均值化后，指标数据的协方差矩阵不仅可消除量纲量级的差异，还保留了指标数据原有离散程度的特性。基于上述讨论，本文对所有国家审计效能指数中的逆指标采取倒数形式，运用均值化方法对原始数据进行无量纲处理，同时采用基础指标的协方差矩阵作为主成分分析的权重确定依据，以避免使用标准化方法和相关系数矩阵而产生低估或高估不同指标相对离散程度。

上述步骤中，对基础指标的权重确定，是运用主成分分析法中的关键，一般按照如下顺序计算。（1）计算指标在各主成分线性组合中的系数，采用各主成分中指标的因子载荷数与对应主成分特征根的平方根之比，由此可得出各主成分的线性组合。（2）根据主成分的方差贡献率，计算各项基础指标的综合得分。（3）对基础指标的权重进行归一化处理。（4）将权重赋予各项基础指标，最终求得国家审计效能指数和三个国家审计效能的分项指数。

2. 国家审计效能指数的基础指标选择

现有文献中关于国家审计效能的度量，大多是以刘家义（2012）提出的免疫系统理论为基础，分别对国家审计的揭示功能、抵御功能、预防功能进行测度，但在各项研究中具体选取的指标并不统一，学者们根据研究需要拟定不同的度量方法，这导致研究过程和研究结论的差异性较大，不利于研究的持续推进与继承发展。本文在研究中基于前文所提出的国家审计信息传递功能、行为威慑功能、制度纠偏功能三项基本功能，从三个维度尽可能多地选取现有研究中具有代表性的衡量指标，运用主成分分析法，尝试构建国家审计效能的综合性指标，以消除因指标选择的差异而导致的结论差异。

从国家审计的信息传递功能看，主要关注国家审计发现和揭示经济社会运行中存在风险和问题的能力，因此，本文选择每万人违规问题金额（当年审计发现违规问题金额与所在地区的人口数量之比）、发现问题中违规金额占比（当年审计发现问题金额中违规金额占比）以及违规问题金额与审计人员之比（当年审计发现违规问题金额与本地国家审计人员数之比）。从国家审计的行为威慑功能看，主要考察国家审计对违规行为产生的威慑作用的强弱，本文选取了三个指标，具体包括每项审计项目应上缴或返还金额（当年每项审计项目中审计决定应上缴财政、应减少财政拨款或补贴、应归还原渠道资金、应调账处理金额之和的自然对数）、每项审计项目移送涉案人员数（当年每项审计项目中移送司法机关、纪检监察部门以及有关部门的人员数量）、每项移送案件中涉案人员数（当年每项移送司法机关、纪检监察部门以及有关部门的案件中涉及的人员数量），本文认为审计发现的应上缴、返还、移送的金额或人员越多，则产生的威慑作用越强。从国家审计的制度纠偏功能看，主要关注国家审计对发现的经济社会中的违规违法行为产生的纠偏作用与效果。据此，本文选取三项指标衡量，包括每项审计项目提出审计建议条数、审计建议采纳落实率（当年被采纳的审计建议条数与审计提出建议条数之比）、已上缴财政与应上缴财政金额之比。表 1 中列示了上述指标体系的详细说明。

表 1 国家审计效能指数的指标体系

分项指数	基础指标	计量单位	指标属性	
			正指标	逆指标
信息传递功能 (Disclosure)	每万人违规问题金额（X_1）	元/万人		√
	发现问题中违规金额占比（X_2）	%		√
	违规问题金额与审计人员之比（X_3）	元/人		√

续表

分项指数	基础指标	计量单位	指标属性	
			正指标	逆指标
行为威慑功能（Deterrence）	每项审计项目应上缴或返还金额（X_4）	万元	√	
	每项审计项目移送涉案人员数（X_5）	人	√	
	每项移送案件中涉案人员数（X_6）	人	√	
制度纠偏功能（Institution）	每项审计项目提出审计建议条数（X_7）	条	√	
	审计建议采纳落实率（X_8）	%	√	
	已上缴财政与应上缴财政金额之比（X_9）	%	√	

（二）经济增长质量的衡量

本文对经济增长质量的衡量直接采用《中国经济增长质量发展报告》披露的各省（自治区、直辖市）2004～2015 年经济增长质量指数。该指数是由钞小静和任保平（2011）、任保平和钞小静（2012）、魏婕和任保平（2012）、任保平（2013）等提出的。指数的构建以经济增长质量分析框架（任保平，2013）为基础，包含经济增长效率、经济增长结构、经济增长稳定性、福利变化与成果分配、资源利用和生态环境代价以及国民经济素质 6 个维度、共 37 项基础指标。图 2 是对 2015 年各省份 GDP 与经济增长质量指数的比较。

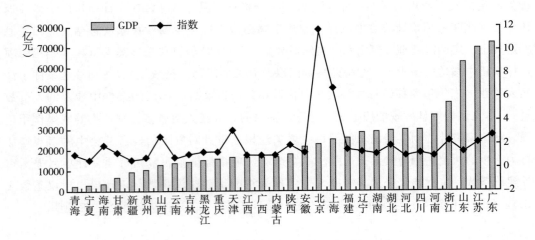

图 2　2015 年各省份 GDP 与经济增长质量指数

从图 2 中的比较来看，广东、江苏与山东三个省份位列 GDP 前三名，但经济增长质量的前三位则为北京、上海和天津。进一步观察 GDP 和经济增长质量的变化趋势，不难发现，随着地区 GDP 从左至右不断增加，经济增长质量并未同步增长。具体从排名来看，GDP 规模排名前十的地区中，河南、四川、湖北等省份的经济增长质量却排在倒数前十位，相反个别经济增长质量排名前十位的地区，GDP却排名较为靠后。由此可见，地区经济总量与经济增长质量之间存在较大差异，经济增长质量更符合社会公众公共受托经济责任的要求，未来的研究中对经济增长质量的关注尤为重要。

（三）模型设定与变量定义

本文构建模型对研究假说1和假说2进行最小二乘法（OLS）多元回归实证检验：

$$Quality_{i,t} = \beta_0 + \beta_1 \times Audit_{i,t-1} + \sum Controls_{i,t} + \varepsilon_{i,t} \tag{1}$$

其中，被解释变量是经济增长质量（*Quality*）的衡量变量，解释变量是国家审计（*Audit*）的衡量变量，分别采用国家审计效能指数（*Auditindex*）、国家审计的信息传递功能指数（*Disclosure*）、行为威慑功能指数（*Deterrence*）和制度纠偏功能指数（*Institution*）表示；*Controls* 表示控制变量。考虑到国家审计机关开展的审计工作通常在上一财政年度结束后进行，审计发现的问题、提出的审计建议和出具的审计报告通常在下一个财政年度产生更直接的影响，因此在模型中，本文采用了国家审计滞后一期的数据对当年的经济增长质量进行回归。

根据经济增长质量和国家审计现有文献的研究惯例（李明和聂召，2014），本文从地区的宏观经济状况、财政状况、人口状况等几方面选择控制变量。具体而言，宏观经济状况方面，衡量了政府之间的竞争程度、地区的固定资产投资状况和地区贸易开放程度；地区财政状况方面，选取了中央与地方的财政分权程度、地方的财政自给程度、地方的实际税负水平、地区企业的国有化程度；地区人口状况方面，关注了反映劳动力状况的地区人口自然增长率、人力资本投资力度以及城市化水平。此外，本文还引入了年度虚拟变量（*Year*），以控制宏观经济环境变化因素对经济增长质量产生的影响。文中变量定义详见表2。

表2　变量定义

变量类型	变量名称	变量符号	变量含义
被解释变量	经济增长质量指数	*Quality*	采用《中国经济增长质量发展报告》披露的各省份的经济增长质量指数
解释变量	国家审计效能指数	*Auditindex*	采用主成分分析法构建而得，详见前文描述
	信息传递功能指数	*Disclosure*	采用主成分分析法构建而得，详见前文描述
	行为威慑功能指数	*Deterrence*	采用主成分分析法构建而得，详见前文描述
	制度纠偏功能指数	*Institution*	采用主成分分析法构建而得，详见前文描述

续表

变量类型	变量名称	变量符号	变量含义
	政府竞争程度	*Competition*	外商直接投资（FDI）对数增长率
	固定资产投资增长率	*Investment*	全社会固定资产投资增长率
	贸易开放程度	*Tradopen*	进出口总额/实际 GDP
	财政分权程度	*Decentral*	人均实际本级财政支出/（人均实际本级财政支出 + 人均实际中央本级财政支出）
控制变量	财政自给率	*Selffiscal*	预算内财政收入与财政支出之比
	实际税负水平	*Realtax*	地区实际财政收入/实际 GDP
	国有化比重	*Soe*	国有企业在岗职工占总职工的比重
	人口增长率	*Population*	地区人口自然增长率
	人力资本投资	*Hresource*	普通中学在校生数占地区总人口的比重
	城市化水平	*Urban*	地区城镇人口占总人口的比重
	年度虚拟变量	*Year*	以 2004 年为基准，设置 11 个年度虚拟变量

（四）研究样本与数据筛选

本文的初始样本是以 2003～2016 年中国省级审计机关为基础，选择 2003 年作为样本起始年是基于数据可得性的原因。研究设计之中对审计数据滞后一年，因而样本的起始年份为 2004 年。本文采集的中国经济增长质量指数来源于《中国经济增长质量发展报告》，目前获得的数据截至 2015 年，因此最终的样本年度区间为 2004～2015 年。考虑到港澳台地区的数据不可得，西藏自治区的数据缺失严重，故未纳入研究样本之中。文中省级审计机关的相关数据手工采集自《中国审计年鉴》，其他数据来源于国泰安数据库（CSMAR）、EPS 区域经济数据库等。

本文对样本数据和变量进行了如下处理：（1）删除了数据存在缺失的样本；（2）对存在严重极端值的连续变量，在 1% 和 99% 分位数上进行了 Winsorize 处理。经过处理后，得到的最终样本数据为 302 个。

五、实证分析

（一）描述性统计

表 3 报告了本文主要变量的描述性统计结果。经济增长质量指数（*Quality*）的均值和中位数分别为 1.698 和 1.244，最小值和最大值分别为 -2.696 和 10.285，标准差为 2.130，表明我国不同地区的经济增长质量差异较大，可能由我国多数地区长期追求 GDP 的高速增长而牺牲经济增长质量所致；国家审计效能指数（*Auditindex*）的均值和中位数分别为 1.855 和 1.140，最小值和最大值分别为 0.371

与 16.629，标准差为 2.313，表明在不同时期、不同地区国家审计发挥的效能存在较大差异，具体看信息传递功能指数（*Disclosure*）、行为威慑功能指数（*Deterrence*）和制度纠偏指数功能（*Institution*）的均值分别为 1.273、0.224 和 0.359，分别占国家审计效能指数均值的 68.6%、12.1% 和 19.3%，国家审计效能的差异主要源于信息传递功能指数的差异，可见在该指数中信息传递功能是国家审计效能中最关键的功能。

表 3　主要变量的描述性统计结果

变量名称	均值	最小值	中位数	最大值	标准差
Quality	1.698	− 2.696	1.244	10.285	2.130
Auditindex	1.855	0.371	1.140	16.629	2.313
Disclosure	1.273	0.130	0.599	15.406	2.183
Deterrence	0.224	− 0.041	0.178	1.441	0.224
Institution	0.359	0.111	0.370	0.663	0.132
Competition	0.132	− 0.186	0.111	0.756	0.119
Investment	0.228	− 0.054	0.224	0.479	0.097
Tradopen	0.043	0.007	0.020	0.226	0.051
Decentral	0.627	0.187	0.656	0.846	0.139
Selffiscal	0.430	0.162	0.381	0.822	0.155
Realtax	0.091	0.053	0.087	0.170	0.026
Soe	0.322	0.089	0.325	0.560	0.122
Population	5.217	− 0.340	5.315	11.180	2.587
Hresource	0.059	0.026	0.059	0.083	0.012
Urban	0.492	0.281	0.476	0.887	0.123

控制变量中，在地区宏观经济方面，政府竞争程度（*Competition*）、固定资产投资增长率（*Investment*）和贸易开放程度（*Tradopen*）的标准差均较小，表明各地区均采用了有效手段吸引直接投资，积极进行固定资产投资和对外贸易，地区之间竞争较为激烈。在地区财政状况方面，财政分权程度（*Decentral*）与财政自给率（*Selffiscal*）存在一定差异，前者数值最小为 18.7%、最大为 84.6%，后者数值最小为 16.2%、最大为 82.2%，这主要是因为我国各地区财政基础差异较大，从地区实际税负水平（*Realtax*）和国有化比重（*Soe*）的统计结果看，也支持这一判断，实际税负水平最小为 5.3% 而最大为 17.0%，相差三倍之多；国有化比重最小为 8.9% 而最大为 56.0%，相差 6 倍多。在地区人口状况方面，人口增长率（*Population*）的均值和中位数分别为 5.217‰和 5.315‰，标准差为 2.587‰，这表明了我国各地区存在较大的人口增长差异，同时在人力资本投资（*Hresource*）和城市化水平

（Urban）方面也存在一定的差异，这也表明我国地区之间人口状况的差异较大，从而可以解释地区间经济增长质量的基础性差异。

（二）相关性分析

经济增长质量指数（Quality）和国家审计效能指数（Auditindex）以及其三项基础性功能指数（Disclosure、Deterrence、Institution）的相关系数均在 1% 的水平上显著为正，这在一定程度上支持本文的研究假说 1 和假说 2，但还有待于进一步的多元回归结果的支持。具体看国家审计效能的三项功能指数，信息传递功能指数（Disclosure）、行为威慑功能指数（Deterrence）和制度纠偏功能指数（Institution）三者之间在 1% 的水平上显著正相关，表明国家审计的三项功能之间相互关联、相辅相成，在国家审计效能的分析中应同时考虑三项功能产生的影响。根据系数相关性检验，各主要变量之间的相关系数多小于 0.5，表明模型不存在严重的多重共线性问题。①

（三）多元回归结果分析

1. 对研究假说 1 的多元回归结果分析

表 4 报告了对研究假说 1 的全样本回归结果。表 4 中列（1）～列（3）分别列示了未加入控制变量、未加入年度虚拟变量以及同时加入控制变量和年度虚拟变量的回归结果。从回归结果看，国家审计效能指数（Auditindex）与经济增长质量指数（Quality）之间均在 1% 的统计水平上显著正相关，这一结果支持本文提出的研究假说 1，国家审计效能的发挥能有效促进地区经济增长质量提升。从列（3）的回归结果看，经济增长质量指数与政府竞争程度（Competition）、贸易开放程度（Tradopen）、财政分权程度（Decentral）、人力资本投资（Hresource）正相关，但显著性程度不高，微弱的证据表明政府竞争、贸易开放、财政分权和人力资本投资有利于促进经济高质量发展；与固定资产投资增长率（Investment）、财政自给率（Selffiscal）、实际税负水平（Realtax）、国有化比重（Soe）、人口增长率（Population）、城市化水平（Urban）负相关，显著性程度略有不同。其中，国有化比重（Soe）的系数在 10% 的统计水平上显著为负，表明国有化程度高不利于经济高质量发展，可能是因为国有企业在市场占相对主导地位，不利于激发民营企业的活力，导致经济增长质量不高；人口增长率（Population）的系数在 1% 的统计水平上显著为负，表明人口自然增长过快不利于提升经济增长质量；城市化水平（Urban）的系数在 10% 的统计水平上显著为负，表明城镇人口占比大并不利于经济的高质量发展。上述控制变量的回归结果与已有相关研究保持基本一致。

---

① 因版面限制，相关系数表格未在文中列示，原表备索。

表 4　经济增长质量指数与国家审计效能指数之间的回归

解释变量	被解释变量 = 经济增长质量指数（Quality）					
	（1）		（2）		（3）	
	系数	T 值	系数	T 值	系数	T 值
常数项	1.081 ***	6.94	4.610 *	1.74	4.725 *	1.84
Auditindex	0.333 ***	5.95	0.387 ***	5.23	0.411 ***	4.85
Competition	—	—	0.562	0.65	0.901	1.10
Investment	—	—	1.063	0.76	-2.026	-1.28
Tradopen	—	—	7.988	1.51	2.554	0.39
Decentral	—	—	0.845	0.83	0.978	0.64
Selffiscal	—	—	-1.096	-0.72	-0.457	-0.30
Realtax	—	—	-3.898	-0.73	-1.794	-0.32
Soe	—	—	-2.353	-1.47	-3.193 *	-1.75
Population	—	—	-0.200 ***	-3.01	-0.193 ***	-2.90
Hresource	—	—	5.179	0.34	8.080	0.54
Urban	—	—	-5.076 *	-1.66	-5.181 *	-1.71
年度效应	已控制		未控制		已控制	
F 值	35.39		5.42		3.54	
Adj R²	0.1306		0.1968		0.2676	
观测数量（个）	302		302		302	

注：表中所有 T 值均已经 White 异方差稳健性修正；***、** 和 * 分别表示在 1%、5% 和 10% 的水平上显著，下文同。

2. 对研究假说 2 的多元回归结果分析

表 5 列示了国家审计效能的三项基础性功能指数与经济增长质量指数之间的多元回归结果。列（1）的回归结果显示，国家审计的信息传递功能指数（Disclosure）对经济增长质量指数（Quality）影响的回归系数为 0.414，在 1% 的统计水平上显著为正。这表明国家审计的信息传递功能越强，地区的经济增长质量越好，因此支持本文的研究假说 2a。列（2）的回归结果显示，国家审计的行为威慑功能指数（Deterrence）对经济增长质量指数（Quality）影响的回归系数为 1.259，在 10% 的统计水平上显著为正。这表明国家审计的行为威慑功能越强，对地区经济增长质量的提升作用越显著，因此支持本文的研究假说 2b。列（3）的回归结果显示，国家审计的制度纠偏功能指数（Institution）对经济增长质量指数（Quality）影响的回归系数为 3.512，在 5% 的统计水平上显著为正。这表明国家审计的制度纠偏功能越强，越有助于提升地区经济增长质量，因此支持本文的研究假说 2c。控制变量的回归系数与表 4 的回归结果基本保持一致。

表5　国家审计效能分项指数的回归结果

解释变量	被解释变量=经济增长质量指数（Quality）					
	(1)		(2)		(3)	
	系数	T值	系数	T值	系数	T值
常数项	4.713*	1.83	4.099	1.35	3.154	1.02
Disclosure	0.414***	4.71	—	—	—	—
Deterrence	—	—	1.259*	1.94	—	—
Institution	—	—	—	—	3.512**	2.30
Competition	0.986	1.21	0.903	1.04	0.872	1.00
Investment	−1.946	−1.23	−1.997	−1.24	−1.686	−1.07
Tradopen	2.458	0.38	9.500	1.21	10.668	1.29
Decentral	1.063	0.70	0.200	0.12	0.795	0.46
Selffiscal	−0.365	−0.24	0.514	0.32	−0.195	−0.12
Realtax	−0.643	−0.12	2.338	0.42	1.141	0.20
Soe	−3.445*	−1.87	−1.835	−0.93	−0.436	−0.20
Population	−0.188***	−2.83	−0.167**	−2.10	−0.161**	−2.01
Hresource	8.938	0.60	−2.647	−0.16	−8.922	−0.51
Urban	−5.134*	−1.70	−4.945	−1.32	−4.559	−1.20
年度效应	已控制		已控制		已控制	
F值	3.51		2.93		3.16	
Adj R²	0.2640		0.1881		0.1879	
观测数量（个）	302		302		302	

六、进一步分析

（一）经济增长质量分项指数的多元回归分析

经济增长质量指数包含经济增长效率（Efficiency）、经济增长结构（Structure）、经济增长稳定性（Stability）、福利变化与成果分配（Allocation）、资源利用和生态环境代价（Environment）以及国民经济素质（Infrastructure）六个维度，前三个维度是对经济增长过程的衡量，后三个维度是对经济增长结果的度量。为了进一步研究国家审计对经济增长质量不同维度的促进作用，我们分别以经济增长质量的分维度指数作为因变量，替代经济增长质量指数（Quality）分别与国家审计效能指数（Auditindex）建立回归方程，以考察国家审计对经济增长质量具体方面的影响效果，多元回归结果列示于表6中。

表6 国家审计效能指数与经济增长质量六个维度分项指数的回归结果

Table A:经济增长效率、经济增长结构以及经济增长稳定性

解释变量	经济增长效率（Efficiency）		经济增长结构（Structure）		经济增长稳定性（Stability）	
	系数	T 值	系数	T 值	系数	T 值
常数项	0.867	1.18	-1.779	-1.30	2.255 **	2.21
Auditindex	0.058 ***	2.95	0.167 **	2.25	-0.015	-0.43
Competition	-0.479 *	-1.94	-0.306	-0.77	-0.759 **	-2.11
Investment	0.127	0.24	-0.627	-0.65	0.131	0.22
Tradopen	-5.796 ***	-2.74	-3.100	-0.83	2.646	1.03
Decentral	-0.185	-0.32	-0.326	-0.36	-1.456 *	-1.74
Selffiscal	0.040	0.07	1.653 **	2.13	1.386 *	1.72
Realtax	6.303 ***	3.35	-9.758 **	-2.48	-5.872 *	-1.77
Soe	0.104	0.18	-0.384	-0.36	0.502	0.60
Population	-0.015	-0.75	0.053	1.48	0.042	1.60
Hresource	-11.434 **	-2.18	22.310 **	2.11	-8.535	-1.28
Urban	0.261	0.29	3.616 **	2.29	-0.551	-0.62
年度效应	已控制		已控制		已控制	
F 值	16.79		28.44		9.70	
Adj R²	0.3247		0.5695		0.954	
观测数量(个)	302		302		302	

Table B:福利变化与成果分配、资源利用和生态环境代价以及国民经济素质

解释变量	福利变化与成果分配（Allocation）		资源利用和生态环境代价（Environment）		国民经济素质（Infrastructure）	
	系数	T 值	系数	T 值	系数	T 值
常数项	1.123 **	2.14	0.824	1.44	2.876 **	2.29
Auditindex	0.025	1.55	0.076 **	2.56	0.081 ***	3.49
Competition	-0.009	-0.06	-0.501 *	-1.84	0.898 *	1.72
Investment	-0.685 *	-1.81	0.721	1.49	-2.402 ***	-2.75
Tradopen	-0.835	-0.52	2.740 *	1.94	2.372	0.86
Decentral	-1.366 ***	-3.87	-0.344	-0.70	1.376	1.54
Selffiscal	0.988 ***	3.44	0.132	0.30	-2.182 **	-1.98
Realtax	-3.843 ***	-2.98	-1.613	-0.83	0.787	0.28
Soe	0.173	0.36	0.263	0.53	-2.570 ***	-2.74
Population	0.011	0.70	-0.015	-0.98	-0.058 *	-1.74
Hresource	-1.949	-0.54	2.499	0.67	6.801	1.03

续表

Table B：福利变化与成果分配、资源利用和生态环境代价以及国民经济素质

解释变量	福利变化与成果分配 (Allocation)		资源利用和生态环境代价 (Environment)		国民经济素质 (Infrastructure)	
	系数	T 值	系数	T 值	系数	T 值
Urban	1.271*	1.90	0.504	0.89	−2.172	−1.60
年度效应	已控制		已控制		已控制	
F 值	48.89		34.22		16.38	
Adj R²	0.6101		0.5750		0.3292	
观测数量（个）	302		302		302	

从表 6 的回归结果看，国家审计效能指数对经济增长效率（Efficiency）影响的回归系数为 0.058，在 1% 的统计水平上显著为正；对经济增长结构（Structure）影响的回归系数为 0.167，在 5% 的统计水平上显著为正；对经济增长稳定性（Stability）影响的回归系数为 −0.015，系数虽为负但并不显著；对福利变化与成果分配（Allocation）影响的回归系数为 0.025，系数为正但显著性水平略低；对资源利用和生态环境代价（Environment）影响的回归系数为 0.076，在 5% 的统计水平上显著为正；对国民经济素质（Infrastructure）影响的回归系数为 0.081，在 1% 的统计水平上显著为正。上述结果表明，从总体上看国家审计效能发挥提升了经济增长质量，具体而言，国家审计显著促进了经济增长效率、改善了经济增长结构、优化了资源利用和环境代价、提高了国民经济素质。然而，在维护经济增长稳定性和优化福利变化与成果分配方面，国家审计效能的功能作用不显著。从经济增长的过程看，可能的原因在于地方政府更关注经济增长的效率和结构，而对经济增长稳定性的诉求相对不强，从而限制了国家审计效能的发挥；从经济增长的结果看，可能的原因在于国家审计的效能主要体现为监督与约束公共权力，而对居民福利改善和财富增加的直接影响相对较小。

（二）异质性检验

中国地域辽阔，地区之间的制度环境和经济状况存在较大差异。制度环境的强弱和经济状况的优劣会影响国家审计效能的有效性，赵彩霞等（2010）研究了政府审计中绩效审计发展的地区差异性，研究发现地区经济发展、法律环境、区域因素等与政府绩效审计发展水平显著正相关，他们认为制度环境是造成地区间政府绩效审计发展不平衡的重要因素；唐雪松等（2012）、林斌和刘瑾（2014）认为审计效能与所处的地区环境息息相关，实证研究发现市场化程度越高的地区审计绩效越好；张鼎祖和刘爱东（2015）的研究发现制度环境对国家审计治理效能的发挥具有显著的替代效应。综上可见，地区制度环境和经济状况的差异性，可能会影响国家审计效能与经济增长质量之间的关系，不同地区之间的二者关系可能不同。基于此，本文按制度环境强弱和

经济状况优劣对不同地区进行分组的异质性检验。

1. 制度环境的异质性检验

本文根据王小鲁、樊纲和胡李鹏 2019 年发布的《中国分省份市场化指数报告（2018）》披露的市场化指数中政府与市场的关系排序数据，以当年排序是否在前 50% 的标准，将地区划分为强和弱两组分别对模型（1）进行回归，表 7 列示了分组回归的结果。表 7 的回归结果显示，在制度环境强组中，国家审计效能指数（Auditindex）对经济增长质量指数（Quality）影响的回归系数为 0.339，在 1% 的统计水平上显著为正；在制度环境弱组中，国家审计效能指数（Auditindex）对经济增长质量指数（Quality）影响的回归系数为 0.125，显著性程度较低。由此可见，国家审计效能对经济增长质量的影响受所在地区制度环境的影响，制度环境较强的地区，更有利于保障国家审计效能的发挥，因而国家审计对经济增长质量的提升作用更显著。这一结果也与赵彩霞等（2010）、唐雪松等（2012）以及林斌和刘瑾（2014）的研究结论保持一致。

表 7　制度环境差异检验结果

解释变量	被解释变量 = 经济增长质量指数（Quality）			
	制度环境强组		制度环境弱组	
	系数	T 值	系数	T 值
常数项	− 0.752	− 0.19	9.842 ***	− 3.59
Auditindex	0.339 ***	3.93	0.125	0.58
Competition	− 0.415	− 0.16	0.801	0.79
Investment	− 3.535	− 1.47	1.331	0.55
Tradopen	− 8.942	− 1.20	19.915	1.03
Decentral	0.786	0.29	− 0.200	− 0.08
Selffiscal	1.651	− 0.82	− 2.163	− 0.76
Realtax	− 1.260	− 0.11	− 0.608	− 0.06
Soe	− 0.541	− 0.17	− 4.037	− 1.46
Population	− 0.037	− 0.38	− 0.322 ***	− 3.68
Hresource	22.905	0.94	− 4.895	− 0.22
Urban	2.157	0.68	− 12.606 ***	− 3.87
年度效应	已控制		已控制	
F 值	3.092		2.544	
Adj R²	0.231		0.187	
观测数量（个）	154		148	

2. 经济状况的异质性检验

在地区差异检验中，本文根据各省份是否为东南沿海省份，区分地区经济状况，据此将样本划分为东南沿海组和内陆地区组两个部分，其中东南沿海组的省份包括北京、天津、河北、辽宁、上海、江苏、浙江、福建、山东、广东和海南；其他省份被纳入内陆地区组。表 8 列示的分组回归结果显示，在东南沿海组中，国家审计效能指数（*Auditindex*）对地区经济增长质量指数影响的系数为 0.293，在 1% 的统计水平上显著；而在内陆地区组中，国家审计效能指数（*Auditindex*）对地区经济增长质量指数影响的系数为 -0.014，但统计上不显著。分组差异的检验结果表明，国家审计效能对经济增长质量的影响受所在地区经济状况的影响，经济状况较好的地区，国家审计对经济增长质量的提升效能更显著。这一结果与前文的研究结论和判断保持一致，地区经济状况较好，更有利于国家审计效能的发挥，该地区也更关注国家审计效能的发挥。

表 8　地区差异检验结果

解释变量	被解释变量 = 经济增长质量指数（*Quality*）			
	东南沿海组		内陆地区组	
	系数	T 值	系数	T 值
常数项	-2.533	-0.64	9.125 ***	3.33
Auditindex	0.293 ***	3.77	-0.014	-0.06
Competition	0.397	0.13	0.889	0.86
Investment	-0.993	-0.39	-2.093	-1.04
Tradopen	-11.665	-1.57	-0.093	0.00
Decentral	1.171	0.55	3.751	1.36
Selffiscal	2.182	0.93	-6.033	-1.63
Realtax	6.788	0.56	1.803	0.18
Soe	-4.791 *	-1.70	-5.691 **	-2.30
Population	0.069	0.65	-0.289 ***	-3.53
Hresource	17.437	0.60	21.602	1.06
Urban	3.512	1.19	-11.353 ***	-3.44
年度效应	已控制		已控制	
F 值	4.13		3.20	
Adj R^2	0.4075		0.1950	
观测数量（个）	101		201	

七、稳健性检验

为使本文的研究结果更稳健、研究结论更可靠，本文进行如下稳健性检验。

（一）国家审计效能的替代变量

与已有研究对国家审计效能的衡量方法不同，本文采用主成分分析法确定国家审计基础指标的权重以构建国家审计效能指数。然而，作为综合性的指标，国家审计效能在一定程度上消除了基础指标本身的某些特征，那么对于本文提出的国家审计效能指数能否直接作为国家审计效能基础指标的替代，以及做此替代是否会影响多元回归的结果，值得进一步检验。为此本文借鉴现有文献中关于国家审计效能的衡量方法，直接采用构建国家审计效能指数的基础指标作为国家审计效能的替代变量，分别引入模型（1）中进行回归，模型中变量 $X_1 \sim X_9$ 的含义解释详见表1，回归结果列示于表9中。

表 9　国家审计各项指标与经济增长质量的回归结果

Table A:信息传递功能稳健性检验

解释变量	被解释变量 = 经济增长质量指数（Quality）					
	（1）		（2）		（3）	
	系数	T 值	系数	T 值	系数	T 值
常数项	7.066 ***	2.87	3.860	1.27	8.473 ***	2.88
X_1	− 0.700 ***	− 4.34	—	—	—	—
X_2	—	—	− 0.078	− 0.15	—	—
X_3	—	—	—	—	− 0.608 ***	− 3.86
控制变量	已控制		已控制		已控制	
年度效应	已控制		已控制		已控制	
F 值	4.12		2.88		4.00	
Adj R²	0.2396		0.1735		0.2186	
观测数量（个）	302		302		302	

Table B:行为威慑功能稳健性检验

解释变量	被解释变量 = 经济增长质量指数（Quality）					
	（1）		（2）		（3）	
	系数	T 值	系数	T 值	系数	T 值
常数项	3.846	1.45	3.895	1.27	3.981	1.29
X_4	0.750 ***	3.51	—	—	—	—
X_5	—	—	0.945	0.54	—	—
X_6	—	—	—	—	0.138	1.19
控制变量	已控制		已控制		已控制	
年度效应	已控制		已控制		已控制	
F 值	3.44		2.82		2.86	
Adj R²	0.2189		0.1739		0.1782	
观测数量（个）	302		302		302	

Table C:制度纠偏功能稳健性检验

解释变量	被解释变量 = 经济增长质量指数（Quality）					
	（1）		（2）		（3）	
	系数	T 值	系数	T 值	系数	T 值
常数项	3.416	1.12	4.575	1.48	3.494	1.13
X_7	0.645 **	2.45	—	—	—	—
X_8	—	—	− 1.912 *	− 1.74	—	—
X_9	—	—	—	—	0.765	1.58
控制变量	已控制		已控制		已控制	
年度效应	已控制		已控制		已控制	
F 值	3.21		3.06		2.87	
Adj R²	0.1877		0.1816		0.1820	
观测数量（个）	302		302		302	

表 9 的 Table A 显示，信息传递功能的三项指标与经济增长质量指数（Quality）均负相关，X_1 和 X_3 的系数在 1% 的统计水平上显著，表明国家审计发现和传递的问题越多，则未来的经济增长质量越高。表 9 的 Table B 显示，行为威慑功能的三项指标与经济增长质量指数（Quality）均正相关，X_4 的系数在 1% 的统计水平上显著，表明国家审计对已发现问题的处罚力度越大，则未来的经济增长质量越高。表 9 的 Table C 显示，制度纠偏功能的两项指标与经济增长质量指数（Quality）正相关，X_7 的系数在 5% 的统计水平上显著，表明国家审计提出的整改建议越多，则未来的经济增长质量越高。X_8 的回归系数与预期不同，在 10% 的水平上显著为负，可能是由于审计建议被采纳往往是被审计单位在权衡成本与效益基础上做出的理性选择，这恰恰表明审计建议未被有效采纳，会对经济增长质量产生负面影响，屡审屡犯问题的长期存在便是明证。

从上述多元回归的结果看，将国家审计效能指数的基础指标单独代入模型（1）中获得的回归结果与表 4 和表 5 的结果基本保持一致，这表明本文构建的国家审计效能指数是有效的，能较好地反映各地区审计机关在促进经济高质量发展中的作用，本文的研究结论是稳健且可信的。

（二）内生性检验

考虑到本文的回归结果可能受内生性的影响，地方经济增长质量越高的地方政府越可能重视和强化国家审计机关的审计效能。鉴于此，本文使用工具变量法进行两阶段最小二乘法检验内生性的影响。本文选取审计机关人员数量与所在各省份人口数之比作为国家审计的工具变量，审计机关人员数量取自《中国审计年鉴》，各省份人口数据采自《中国统计年鉴》，该指标数值越大，表明该省份对国家审计的人力资本投入越大。之所以选择该项指标，主要基于两方面原因：一是审计职业属于劳动力密集型行业，人力资本的投入会对审计质量产生关键影响，若审计人力资本投入不足，会在较大程度上限制审计监督覆盖的范围和监督的效果，因此对国家审计的人力资本投入越大，可以认为国家审计效能发挥得越好；二是国家审计的人力资本投入并不能反映地区的经济增长质量，换句话说，国家审计的人力资本投入与经济增长质量之间没有必然的相关性。Hausman 检验和 Durbin – Wu – Hausman 检验的结果均在 5% 的统计水平上显著，表明存在内生性问题；同时本文还检验了是否存在弱工具变量问题，统计量的概率值在 1% 的水平上显著，因此认为工具变量的选择是合适的。表 10 列示了两阶段最小二乘法的回归结果，第一阶段的回归结果显示，工具变量的回归系数在 1% 的水平上显著为正，第二阶段的回归结果显示，国家审计效能指数（Auditindex）的回归系数也在 1% 的水平上显著为正，以上回归结果表明工具变量通过了两阶段最小二乘法的检验，本文的研究结论保持不变。

表 10　两阶段最小二乘法回归结果

解释变量	第一阶段		第二阶段	
	Auditindex		*Quality*	
	系数	T 值	系数	Z 值
常数项	− 3.319 *	− 1.80	6.605 **	2.55
工具变量	0.037 ***	3.28	—	—
Auditindex	—	—	1.279 ***	2.90
控制变量	—	—	—	—
年度效应	已控制		已控制	
F 值/Chi²	8.29		55.65	
Adj R²	0.5061		0.0001	
观测数量（个）	302		302	

八、研究结论与启示

本文以 2004～2015 年中国省级数据为研究样本，从经济增长质量的视角，实证检验了国家审计促进经济高质量发展的机理。研究中，以《中国经济增长质量发展报告》披露的省级经济增长质量指数衡量经济增长质量，运用主成分分析法构建了能综合反映国家审计效能的指数，以及国家审计信息传递、行为威慑、制度纠偏三项基本功能指数。多元回归的结果显示，国家审计效能指数以及三项基本功能指数均与地区经济增长质量指数显著正相关，表明国家审计在促进区域经济高质量发展中发挥着积极作用，其机理主要体现为通过向相关方传递审计已发现问题和未来潜在风险的客观信息、对审计发现问题的行为人和组织处罚产生威慑作用并从体制机制上对已发现问题提出整改纠偏建议等，防范和化解经济运行中的各类风险，促进经济高质量发展。进一步研究检验了国家审计对经济增长质量不同内容方面的影响，研究发现国家审计有助于提升经济增长效率、改善经济增长结构、优化资源利用与生态环境、提高国民经济素质；本文还以政府与市场关系区分了制度环境强弱、以省份处于沿海或内地区分了经济状况优劣，研究发现在制度环境较强和经济状况较好的地区，国家审计对经济增长质量的提升效能更明显。

本文的研究为更好地理解国家审计促进经济高质量发展提供了增量的经验证据，对于学术界、审计实务界、地方政府等均具有重要的现实意义。首先，对于学术研究而言，本文的研究既丰富了国家审计对经济增长质量影响机理的认识，也丰富了对经济增长质量影响因素的认识，有助于我们从国家治理体系中的监督机制角度审视国家审计对经济增长质量提升的重要性。其次，对于审计实务而言，本文的研究结论有助于更好地发挥国家审计机关在促进区域经济增长方面的重要作用，尽管当前我们已经认识到国家审计在党和国家监督体系中的重要性，但国家审计机关作为宏观管理部门，如何在新时代持续提升对区域经济发展的贡献仍是值得探讨和思考的问题。本文的研究结论不仅有助于理解国家审计在经济发展中的监督与治理功能，而且有助于明确国家审计在经济高质量发展中的定位与作用。最后，对于地方政府而言，在制度环境和经济状况更好的地区，国家审计监督机制对改善区域经济增长质量具有更为重要的促进作用，这种促进作用不仅仅体现为发现经济运行中的问题，更在于揭示未来潜在的风险，为深化体制机制改革提供决策咨询建议。因此，地方政府应重视并积极推动国家审计效能的提升，尤其是对于监管环境较弱和经济环境较差的地区。

参考文献

蔡春，李江涛，刘更新 .2009. 政府审计维护国家经济安全的基本依据、作用机理及路径选择 . 审计研究，4：9 – 13.

蔡昉 .2013. 中国经济增长如何转向全要素生产率驱动型 . 中国社会科学，1：57 – 72 + 207.

钞小静，惠康 .2009. 中国经济增长质量的测度 . 数量经济技术经济研究，6：76 – 87.

钞小静，任保平 .2011. 中国经济增长质量的时序变化与地区差异分析 . 经济研究，4：27 – 41.

钞小静，任保平 .2012. 资源环境约束下的中国经济增长质量研究 . 中国人口·资源与环境，4：106 – 111.

钞小静，任保平 .2014. 城乡收入差距与中国经济增长质量 . 财贸研究，5：1 – 9.

陈艳娇，张兰兰 .2019. 媒体关注、政府审计与财政安全研究 . 审计与经济研究，1：5 – 17.

褚剑，方军雄 .2016. 政府审计能够抑制国有企业高管超额在职消费吗？. 会计研究，9：82 – 89.

褚剑，方军雄，秦璇 .2018. 政府审计能促进国有企业创新吗？. 审计与经济研究，6：14 – 25.

崔云，朱荣 .2015. 政府审计监督与腐败治理 . 财经科学，6：139 – 146.

戴翔 .2015. 服务出口复杂度与经济增长质量：一项跨国经验研究 . 审计与经济研究，4：105 – 114.

邓明，王劲波 .2014. 财政分权与中国的地区经济增长效率 . 厦门大学学报（哲学社会科学版），6：26 – 36.

范金，姜卫民，刘瑞翔 .2017. 增加值率能否反映经济增长质量？. 数量经济技术经济研究，2：21 – 37.

范子英，张军 .2009. 财政分权与中国经济增长的效率——基于非期望产出模型的分析 . 管理世界，7：15 – 25.

傅元海，叶祥松，王展祥 .2016. 制造业结构变迁与经济增长效率提高 . 经济研究，8：86 – 100.

郭庆旺，赵志耘，贾俊雪 .2005. 中国省份经济的全要素生产率分析 . 世界经济，5：48 – 55 + 82.

郭文伟，李嘉琪 .2019. 房价泡沫抑制了经济高质量增长吗？——基于 13 个经济圈的经验分析 . 中国软科学，8：77 – 91.

韩峰 . 2019. 国家审计促进地方公共服务供给的影响机制——基于省级面板空间杜宾模型的实证分析 . 中南财经政法大学学报，2：54 – 65.

韩峰，吴雨桐 . 2018. 国家审计治理有助于补齐公共服务供给短板吗？审计与经济研究，5：21 – 34.

郝颖，辛清泉，刘星 . 2014. 地区差异、企业投资与经济增长质量 . 经济研究，3：103 – 116 + 191.

何兴邦 . 2018. 环境规制与中国经济增长质量——基于省际面板数据的实证分析 . 当代经济科学，2：1 – 10.

胡泽君 . 2018. 努力开创新时代审计工作新局面 . 求是，13：17 – 19.

黄溶冰，赵谦，王丽艳 . 2019. 自然资源资产离任审计与空气污染防治："和谐锦标赛"还是"环保资格赛" . 中国工业经济，10：23 – 41.

卡马耶夫 . 1983. 经济增长的速度和质量 . 陈华山，译 . 武汉：湖北人民出版社 .

康梅 . 2006. 投资增长模式下经济增长因素分解与经济增长质量 . 数量经济技术经济研究，2：154 – 161.

孔群喜，王紫绮，蔡梦 . 2019. 对外直接投资提高了中国经济增长质量吗 . 财贸经济，5：96 – 111.

李娟伟，任保平，刚翠翠 . 2016. 文化资本异质性能够提高中国经济增长效率吗？——来自 30 个省区面板数据的理论与实证研究 . 中南财经政法大学学报，3：24 – 31.

李明，聂召 . 2014. 国家审计促进地方经济发展的作用研究——来自省级地方政府的经验证据 . 审计研究，6：38 – 43 + 114.

李雪松，张雨迪，孙博文 . 2017. 区域一体化促进了经济增长效率吗？——基于长江经济带的实证分析 . 中国人口·资源与环境，1：10 – 19.

林斌，刘瑾 . 2014. 市场化进程、财政状况与审计绩效 . 审计与经济研究，3：33 – 41.

林春 . 2017. 财政分权与中国经济增长质量关系——基于全要素生产率视角 . 财政研究，2：75 – 85 + 99.

林毅夫，任若恩 . 2007. 东亚经济增长模式相关争论的再探讨 . 经济研究，8：6 – 14 + 59.

刘海英，赵英才，张纯洪 . 2004. 人力资本"均化"与中国经济增长质量关系研究 . 管理世界，11：17 – 23.

刘家义 . 2012. 论国家治理与国家审计 . 中国社会科学，6：60 – 72.

刘家义 . 2015. 国家治理现代化进程中的国家审计：制度保障与实践逻辑 . 中国社会科学，9：64 – 83.

刘雷，崔云，张筱 . 2014. 政府审计维护财政安全的实证研究——基于省级面板数据的经验证据 . 审计研究，1：37 – 44 + 54.

刘树成 . 2007. 论又好又快发展 . 经济研究，6：4 – 13.

任保平 . 2013. 经济增长质量：经济增长理论框架的扩展 . 经济学动态，11：45 – 51.

任保平，钞小静 . 2012. 从数量型增长向质量型增长转变的政治经济学分析 . 经济学家，11：48 – 53.

沈坤荣，傅元海 . 2010. 外资技术转移与内资经济增长质量——基于中国区域面板数据的检验 . 中国工业经济，11：5 – 15.

沈坤荣 . 1998. 中国经济增长绩效分析 . 经济理论与经济管理，1：28 – 33.

沈利生，王恒 . 2006. 增加值率下降意味着什么 . 经济研究，3：60 – 67.

树成琳，宋达 . 2015. 国家审计效果、政府行为与市场化进程——基于中介效应理论的实证分析 . 审计与经济研究，6：13 – 20.

随洪光 . 2013. 外商直接投资与中国经济增长质量提升——基于省际动态面板模型的经验分析 . 世界经济研究, 7: 67 – 72.

唐建新, 古继洪, 付爱春 . 2008. 政府审计与国家经济安全: 理论基础和作用路径 . 审计研究, 5: 29 – 32.

唐雪松, 罗莎, 王海燕 . 2012. 市场化进程与政府审计作用的发挥 . 审计研究, 3: 25 – 31.

陶静, 胡雪萍 . 2019. 环境规制对中国经济增长质量的影响研究 . 中国人口·资源与环境, 6: 85 – 96.

王兵, 鲍圣婴, 阚京华 . 2017. 国家审计能抑制国有企业过度投资吗? . 会计研究, 9: 83 – 89.

王会金, 马修林 . 2017. 政府审计与腐败治理——基于协同视角的理论分析与经验数据 . 审计与经济研究, 6: 5 – 14.

王素梅, 李兆东, 陈艳娇 . 2009. 论政府审计与国家经济安全 . 中南财经政法大学学报, 1: 97 – 101.

王文彬, 林钟高 . 1989. 审计对象新探 . 审计研究, 1: 23 – 27.

王小鲁, 樊纲, 胡李鹏 . 2019. 中国分省份市场化指数报告 (2018) . 北京: 社会科学文献出版社.

王欣亮, 张驰, 刘飞 . 2018. 官员交流与地区经济增长质量: 作用机理与影响效应分析 . 人文杂志, 9: 48 – 57.

王耘农, 李歆, 陈永康 . 2011. 国家审计促进经济发展方式转变的实践与探索——基于重庆经济发展模式的思考 . 审计研究, 4: 3 – 7.

韦德洪, 覃智勇, 唐松庆 . 2010. 政府审计效能与财政资金运行安全性关系研究——基于审计年鉴数据的统计和实证研究 . 审计研究, 3: 11 – 16.

魏婕, 任保平 . 2012. 中国各地区经济增长质量指数的测度及其排序 . 经济学动态, 4: 27 – 33.

温诺·托马斯等 . 2001. 增长的质量 . 北京: 中国财经出版社.

肖红叶, 罗建朋, 李腊生 . 1998. 经济增长质量的显示性判断 . 南开经济研究, 3: 36 – 42.

杨建荣 . 2009. 经济全球化下我国政府审计与国家经济安全——一个基于新兴古典理论和公共受托责任的分析 . 审计研究, 5: 9 – 14.

杨时展 . 1997. 杨时展论文集 . 北京: 企业管理出版社, 63 – 78.

叶初升, 李慧 . 2014. 以发展看经济增长质量: 概念、测度方法与实证分析——一种发展经济学的微观视角 . 经济理论与经济管理, 12: 19 – 36.

尹平 . 2011. 政府审计维护国家经济安全的体制寻优与机制构建 . 学海, 3: 208 – 213.

袁云峰, 曹旭华 . 2007. 金融发展与经济增长效率的关系实证研究 . 统计研究, 5: 62 – 68.

詹新宇, 刘文彬 . 2018. 地方官员来源的经济增长质量效应研究 . 中央财经大学学报, 4: 80 – 91.

张鼎祖, 刘爱东 . 2015. 制度环境、政府间竞争与地方审计机关效率——基于省际面板数据的空间计量分析 . 会计研究, 3: 87 – 93.

张金辉 . 2014. 国家审计促进转变经济发展方式的路径探析 . 审计研究, 3: 35 – 39.

张庆龙, 谢志华 . 2009. 论政府审计与国家经济安全 . 审计研究, 4: 14 – 18.

赵保卿, 张婧 . 2017. 政府审计效能与财政资金运行效率研究 . 中国审计评论, 2: 21 – 29.

赵彩霞, 张立民, 曹丽梅 . 2010. 制度环境对政府绩效审计发展的影响研究 . 审计研究, 4: 24 – 30.

郑石桥, 梁思源 . 2018. 国家审计促进公共支出效率的路径与机理——基于中国省级面板数据的实证分析 . 审计与经济研究, 2: 29 – 38.

郑石桥，郑卓如 . 2015. 基于审计主题的审计学科体系创新研究 . 会计研究，9：81 – 87.

郑玉歆 . 2007. 全要素生产率的再认识——用 TFP 分析经济增长质量存在的若干局限 . 数量经济技术经济研究，9：4 – 12.

周晓艳，韩朝华 . 2009. 中国各地区生产效率与全要素生产率增长率分解（1990 – 2006）. 南开经济研究，5：26 – 48.

朱承亮，师萍，岳宏志，韩先锋 . 2011. 人力资本、人力资本结构与区域经济增长效率 . 中国软科学，2：115 – 124.

朱承亮，岳宏志，李婷 . 2009. 中国经济增长效率及其影响因素的实证研究：1985 ~ 2007 年 . 数量经济技术经济研究，9：52 – 63.

朱荣 . 2014. 国家审计提升政府透明度的实证研究——来自省级面板数据的经验证据 . 审计与经济研究，3：25 – 32.

朱子云 . 2019. 中国经济增长质量的变动趋势与提升动能分析 . 数量经济技术经济研究，5：24 – 44.

左敏 . 2011. 国家审计如何更好地维护国家经济安全 . 审计研究，4：8 – 13.

Avis, E., C. Ferraz, & F. Finan. 2018. Do government audits reduce corruption? Estimating the impacts of exposing corrupt politicians. *Journal of Political Economy*, 126 (5): 1912 – 1964.

Baber, William R. 1983, Toward understanding the role of auditing in the public sector. *Journal of Accounting and Economics*, 5: 213 – 227.

Bologna P. J., & K. Harger. 2019. Political corruption and development in Brazil: Do random audits of corruption increase economic activity?. *SSRN Working Paper*.

Di Tella, R., & E. Schargrodsky. 2003. The role of wages and auditing during a crackdown on corruption in the city of Buenos Aires. *The Journal of Law and Economics*, 46 (1): 269 – 292.

Liu J., & B. Lin. 2012. Government auditing and corruption control: Evidence from China's provincial panel data. *China Journal of Accounting Research*, 5 (2): 163 – 186.

Olken, B. A. 2007. Monitoring corruption: Evidence from a field experiment in Indonesia. *Journal of Political Economy*, 115 (2): 200 – 249.

Rakhman, F., & S. Wijayana. 2019. Determinants of financial reporting quality in the public sector: Evidence from Indonesia. *The International Journal of Accounting*, 54 (3).

Robert, J. B. 2002. Quantity and quality of economic growth. *Working Papers from Central Bank of Chile*.

Schelker, M. 2008. Public auditors: Empirical evidence from the US states. *SSRN Working Paper*.

Zamboni, Y., & S. Litschig. 2018. Audit risk and rent extraction: Evidence from a randomized evaluation in Brazil. *Journal of Development Economics*, 134: 133 – 149.

How National Audits Promote High-Quality Economic Development: A Study Based on the Quality of Economic Growth

Jun Chen, Chenquan Zhou

Abstract: The primary responsibility and mission of the national audit in the new era is to promote high-quality economic development. From the perspective of the quality of economic growth, this paper examines the impact of national audits on high-quality economic development. This paper takes the provincial data of China from 2004 to 2015 as the research sample, and uses the index disclosed in the "China Economic Growth Quality Development Report" as the proxy variable for the quality of economic growth. The principal component analysis method is used to construct the national audit effectiveness index. Regression results show that the national audit effectiveness index and its three basic functional indexes are positively related to the quality of regional economic growth, indicating that national audits have promoted high-quality economic growth through monitoring and governance functions such as information transfer, behavioral deterrence, and institutional correction. Further research found that national audits are helpful for improving the efficiency of economic growth, improving the structure of economic growth, optimizing the use of resources and the ecological environment, and improving the quality of the national economy; the improvement efficiency is more obvious in the stronger institutional environment and better economic situation. The research in this paper provides incremental empirical evidence for understanding the impact of national audit on the quality of regional economic growth, and enriches the relevant literature on national audit and the quality of economic growth.

Keywords: National Audit; Quality of Economic Growth; National Audit Effectiveness Index; National Governance

第 19 卷，第 1 辑，2020 年
Vol. 19, No. 1, 2020

会 计 论 坛
Accounting Forum

"营改增"的市场反应及其趋势*

——基于改革进程的事件研究

曹 越 周 佳

【摘 要】本文以"营改增"分地区、分行业逐步推进为时间节点，利用事件研究法，全面检验六次"营改增"的整体市场反应及分行业的市场反应，并从税收敏感度、雇佣规模和固定资产密度三个维度分析该市场反应的影响因素。研究发现，整体而言，投资者一直将"营改增"视为利好消息，但不同行业"营改增"的市场反应有差异：投资者对交通运输业"营改增"的反应经历了从"观望"到"利好"的转变，视现代服务业、邮政业、电信业、房地产业与金融业"营改增"为利好消息，视建筑业"营改增"为利空消息，对生活服务业"营改增"则持观望态度。进一步研究发现，税收敏感度越高和雇佣规模越小的公司，累计超额收益率越高，但固定资产密度与累计超额收益率无显著关系。

【关键词】"营改增"；市场反应；税收敏感度；雇佣规模；固定资产密度

收稿日期：2019 – 10 – 23

基金项目：国家社会科学基金项目（20BGL071）

作者简介：曹越，男，湖南大学工商管理学院教授，caoyue@ hnu. edu. cn；周佳，女，中南财经政法大学会计学院博士研究生。

* 作者感谢匿名审稿专家对本文的宝贵意见，但文责自负。

一、引言

为了消除重复征税、完善税制、推动公司转型升级乃至整个经济体的结构性改革，财政部和国家税务总局于 2011 年 11 月 16 日联合下发《营业税改征增值税试点方案》。从 2012 年 1 月 1 日起，该方案以交通运输业和部分现代服务业为试点行业，将上海作为首个试点地区，并呈"雁阵"在全国逐步铺开。2016 年 5 月 1 日起，"营改增"试点范围扩大到建筑业、房地产业、金融业和生活服务业。至此，营业税退出历史舞台，增值税制度更加完善。

"营改增"是 1994 年分税制改革以来我国税制改革史上的一项重要举措。自 2012 年 1 月 1 日上海市率先启动"营改增"试点以来，改革成效颇为显著，累计减税近 2 万亿元，统一了货物和服务税制，增强了公司经营活力，还有利于促进产业结构优化和新业态融合发展，培育经济新动能，为我国经济转型奠定制度机制基础。"营改增"试点的全面实施，标志着我国消费型增值税制度初步建立，向现代型增值税制度迈出了重要一步。然而，"营改增"的政策效应并不局限于税制改革范畴，还具有系统性、整体性和综合性特点，惠及所有产业和公司，与消费水平和消费结构的变化高度一致，增强了社会供需之间的协调性与平衡性，促进了市场公平竞争，提高了市场效率，有效发挥了市场在资源配置中的决定性作用。那么，在这六次"营改增"试点中，资本市场反应如何呢？投资者是否认可"营改增"的政策效应呢？影响市场反应的因素又有哪些呢？这是理论界和实务界亟待研究和关注的重要课题，也是本文研究的重点。

现有研究"营改增"的文献主要从以下三个角度出发：一是"营改增"后公司税负的变化，学者们利用投入产出表和公司财务年报进行税负变化测算发现，小规模纳税人公司的减税效应明显，上市公司总体流转税税负短期略有增减变动、长期略有下降，交通运输服务业、建筑业、金融业、电信业等行业税负不降反增（潘明星，2013；潘文轩，2013；田志伟和胡怡建，2013；王玉兰和李雅坤，2014；禹奎和陈小芳，2014；刘子亚，2015；罗绪富，2015；曹越和李晶，2016）；二是"营改增"的经济效应，总体上，"营改增"能提高总体经济的全要素生产率（平新乔等，2017），直接影响产业结构调整及分工（陈钊和王旸，2016；孙正，2017；范子英和彭飞，2017），对股价波动（李嘉明等，2015）、公司投资、劳动雇佣、研发行为（袁从帅等，2015）、公司成长（赵连伟，2015）、财务业绩（李成和张玉霞，2015）等均有影响；三是"营改增"对我国财税体制的影响，学界从国地税收分成、央地财政关系、税制结构风险以及地方税收体系建设等方面肯定了"营改增"对财税体制改革和地方税系建设的促进作用（郭月梅，2013；马蔡琛和李思沛，2013；寇明风，2014；朱青，2014；唐明和熊蓓珍，2017）。

上述文献为本文奠定了重要基础，但有关"营改增"市场反应的文献相对较少，且有待进一步推进。一是尚未重点关注"营改增"的微观政策效应。现有文献侧重关注"营改增"对公司生产经营活动、投融资决策以及税负变化的影响，很少涉及"营改增"的市场反应及其影响因素。二是尚未考察"营改增"逐步推进这一改革全过程的市场反应及其变化趋势。基于数据的可获得性，现有文献集中研究"营改增"全面推开时的证券市场反应（曹越等，2017），并未全面考察自上海试点起，前五次"营改增"试点的市场反应以及"营改增"整个改革进程市场反应的变化趋势，截至目前，有关"营改增"对资本市场影响的经验证据甚为缺乏。

有鉴于此，本文以"营改增"分地区、分行业逐步推进为时间节点，利用事件研究法分别考察六次"营改增"试点的市场反应及影响因素。主要贡献在于以下两点。一是丰富了国内外税制改革市场反应的相关研究，有助于全面评价"营改增"的政策效应。利用事件研究法分行业考察"营改增"政策给A股市场及试点行业带来的市场反应，检验投资者对"营改增"政策的态度，在此基础上，呈现"营改增"改革进程中的历次市场反应及其变化趋势。二是从税收敏感度、雇佣规模和固定资产密度三个维度来探寻"营改增"市场反应的影响因素，即识别拥有哪些特质的公司，对"营改增"的市场反应更强烈，从而为落实"结构性减税"政策、优化纳税服务提供决策参考。

二、理论分析

作为市场经济中的重要主体，公司是"营改增"政策的承担者。针对"营改增"政策的多次试点，公司能否根据自身特质，采取变更合同签订方式、在地域或产业上合理布局生产资源和变革业务流程等战略措施来实现价值最大化目标，在很大程度上决定了公司能否长远发展。本文利用事件研究法考察"营改增"在各时间节点上的市场反应，并呈现整个"营改增"改革进程的市场反应及其变化趋势，即检验投资者是否看好各时间节点上的"营改增"政策，资本市场是否认可"营改增"政策可以提升公司价值。税收敏感度是衡量公司在受到税收政策冲击下，迅速制定或调整自身发展战略的能力，是公司面对"营改增"政策能否迅速做出反应，保持业绩或使业绩有所上升，从而提升公司价值最直接的影响因素。资本和劳动是中国社会主义市场经济运行围绕的轴心和基础（李定和吴朝阳，2018），公司在资本与劳动雇佣上的投入也直接影响着公司的价值。因此，本文从税收敏感度、雇佣规模及固定资产密度三个维度探究"营改增"市场反应的影响因素，即市场经济中面对税收政策最直接和最基本的影响公司价值的因素，能否引起"营改增"的市场反应产生差异。

（一）"营改增"与市场反应

自 2012 年 1 月 1 日上海市的交通运输业和部分现代服务业开展试点工作以来，"营改增"的结构性减税效果逐渐显现，取得了税制完善、税负降低、经济转型、体制优化等方面的积极成效，具体表现在以下方面。一是"营改增"使增值税的抵扣机制得以延伸，不仅行业内部的抵扣链条被贯通，而且第二、第三产业之间和地区之间的链条也被打通，基本解决了重复征税问题，减轻了公司税负，优化了税制。二是"营改增"增强了公司活力，使公司在经营模式、市场营销和生产组织方式等方面做出适应性转变，专业分工进一步细化，促进了公司管理升级。同时，公司经营决策可以少受重复征税的困扰，更多考虑市场需求，有利于市场发挥资源配置的决定性作用。三是"营改增"改变了中央与地方之间的收入分配标准，由此引发财政体制改革，对中央与地方之间事权划分、支出责任划分以及转移支付都产生了辐射效应。从长期看，这是国家治理结构重塑的触发器和推动力，有利于调整优化地方政府行为，践行新发展理念，加快我国经济社会整体转型升级，实现效率与公平的融合、发展与环境的统一（中国财政科学研究院，2017）。可见，"营改增"在给公司减负、激发公司活力的同时也带来了经济增长及其质量的提高。这无疑向市场投资者传递出一种信号：（1）"营改增"的实施贯彻了积极稳妥的原则，从一开始采取试点的办法，再由点到面，在不断总结经验的基础上逐步推开，可以确保改革平稳推进，同时也给公司和投资者逐步适应新税制预留了空间；（2）公司在依据"营改增"政策调整组织形式和控制方式、在产业或地域合理布局生产资源和生产能力以及再造经营流程之后，可以实现产业转型和从战略层面推进节税工程的双重利好，这对于公司的可持续发展和价值增值是大有裨益的。因此，整体而言，可以预期投资者会认定"营改增"为利好消息，资本市场将出现显著为正的市场反应。

"营改增"试点改革，遵循问题导向，从重点行业切入，层层推进。即首先将生产性服务业中与制造业关系密切及创新能力强的行业首批试点，如交通运输业、研发和技术服务、信息技术服务、文化创意服务、物流辅助服务、有形动产租赁服务、鉴证咨询服务等，之后再将电信、邮政等行业纳入，最后将房地产业、金融业、建筑业以及生活服务业纳入试点范围。由于试点行业特点不同，"营改增"对各行业的影响效应也会有所不同。

（1）交通运输业。交通运输业是我国社会经济发展的基础性行业，对促进资源流通、降低生产性公司成本有着重要影响（李梦娟，2013）。交通运输业公司固定资产的更新周期往往比较长，很可能在"营改增"之前，就已经完成了固定资产更新换代，并且在短时间内也没有大规模购入固定资产的打算，因而也就无法获得相应的进项税额抵扣（潘文轩，2012）。从短时间内来看，交通运输业税负可能会增加。但由于交通运输业在税率差方面具有优势（曹越和李晶，2016），因此长期来看，税负很可能会降低。同时，油费、公路运输管理费、过路过桥费等大多不能有效抵扣。因此，资本市场的投资者对交通运输业的"营改增"效应很可能持观望态度。

（2）现代服务业。"营改增"消除了服务业重复征税、实现了整个社会经济主体的结构性减税、促进了服务业公司做大做强、提高了服务业专业化分工程度和资本配置效率（潘文轩，2013；孙正和陈旭东，2018）。但现代服务业适用的增值税税率相对营业税税率偏高，税率提高带来了较明显的增税效应。并且，现代服务业公司成本构成中，人工成本所占比重一般较大。因此，进项税额抵扣规模较小，税负就很可能加重（潘文轩，2012）。研发和技术、信息技术、文化创意、鉴证咨询和广播影视服务业是符合这种情况的比较典型的行业。有形动产租赁包括有形动产经营性租赁和有形动产融资性租赁。"营改增"后经营性租赁的税率从5%的营业税税率上升到17%①的增值税税率，可能不利于经营性租赁业务的开展，但税率17%的优点是可以保持下一环节抵扣的连续性。对于开展融资性租赁业务的公司来说，税负超过3%的部分将予以即征即退，实际税率低于"营改增"前5%的营业税税率，有利于融资性租赁业务的开展。上述分析表明，现代服务业税率大幅上升且进项税额抵扣较少容易引起投资者形成利空预期，且不同的现代服务业市场反应也存在差别。

（3）邮政业。"营改增"前，邮政业适用税率3%，改革后适用增值税税率为11%，同时对邮政普通服务和邮政特殊服务免征增值税。税率提升会导致邮政业税负压力加大，主要源于销项税额总量增大，而进项抵扣额相对较少。我国邮政业人力成本占比较大，属于劳动密集型行业，进项抵扣额较少（张学勇和荆琦，2014）。因此，资本市场很可能不看好邮政业的"营改增"减税效应。

（4）电信业。改革前，电信业适用3%的营业税税率，改革后，对基础电信服务和增值电信服务分别征收11%和6%的增值税，为境外单位提供电信业服务产生的增值税免征。高萍和徐娜（2014）经测算发现，折旧及摊销、销售管理费用和人工成本占到通信公司日常经营成本的60%左右，因此大量成本费用无法实现有效的进项抵扣，使得电信业"营改增"后税负加重。加之，电信业公司的上游大多为小规模纳税人或个体工商户，增值税专用发票难以获得，更加减少了进项抵扣额。但是随着5G时代的到来，电信行业新一轮大规模投资可能会带来大量的进项抵扣额。因此，在可抵扣税额相对较少的情况下，电信业的"营改增"效应在资本市场上的

① 2019年4月1日进一步深化增值税改革，经营性租赁增值税税率调整为13%，交通运输业、邮政业、基础电信服务、建筑业和房地产业增值税税率调整为9%，本文税率仅为当时营业税改征增值税后的适用税率。

反应可能不太明晰。

（5）建筑业。建筑业原营业税税率为3%，扩围后增值税税率为11%。鉴于营业税与增值税税基不同，因此不能仅从税率变化判断"营改增"对建筑业公司的冲击。从行业自身特点看，建筑业是货物劳务型行业，业务繁杂，且整个行业存在着根深蒂固的"潜规则"：管理方面，如未备案的层层转包与分包、承包公司资质参差不齐；发票方面，建筑业的供应商大多为小规模纳税人，除了钢材购进可以取得增值税专用发票之外，建筑类公司获取的发票中主要是无法抵扣的增值税普通发票（王甲国，2016），这种销项税额与进项税额不对称的现象增加了建筑业税负升高的可能性。当然，"营改增"也可能会给建筑行业带来一系列冲击，倒逼建筑行业改革，促进公司规范或调整内部管理、业务承包等流程，增加进项抵扣。上述分析表明，管理混乱以及税负可能升高容易引起投资者形成利空预期。

（6）房地产业。房地产业作为原营业税下税收规模最大的行业，营业税税率为5%，改革后增值税税率为11%。若向小规模纳税人或一般纳税人销售自行开发的房地产老项目可以选择适用简易计税方法，征收率为5%，与改革前持平，但不得抵扣进项税额。本次改革允许扣除土地成本、建安费用等占行业总成本中比例较大的成本项目，加之房地产业预收款由之前的5%缴纳营业税转变为按3%预缴增值税，可使公司拥有更多可支配的现金流量。因此，这些改革力度重大的措施对于房地产业无疑是利好消息。

（7）金融业。国内外对于金融业是否征税以及如何征税众说纷纭。金融业原营业税税率为5%，改革后增值税税率为6%，对于原有免除营业税的优惠项目仍予以保留，同时购买符合规定条件的无形资产与不动产也可以抵扣。但对于小型金融公司，能够予以抵扣的无形资产与不动产几乎没有，这类公司的流转税税负比改革前或许更高。因而，资本市场的投资者对金融业的"营改增"效应很可能持观望态度。

（8）生活服务业。生活服务业同样由之前的5%营业税税率转变为6%的增值税税率，同时小规模纳税人的增值税税率为3%。鉴于生活服务业的人工成本占比很大，而这项成本一般又不能抵扣进项，加之生活服务业所涉及行业较多且行业特点不同，因此衡量其减税效应较为困难。资本市场的投资者对生活服务业的"营改增"效应很可能持观望态度。

但是，任何税收政策效应的研判都应该站在产业链整体的高度进行综合分析，"营改增"解决了流转税带来的重复征税问题，有利于缩短公司价值链的长度，缩小公司边界，促进专业化分工，从长远看是有利于提高整个社会效益的（刘子亚，2015）。据此，提出假设1：

H1：在"营改增"政策颁布前后 [−5，+5] 事件期内，资本市场会出现显著正向的市场反应，且各行业市场反应不尽相同。

（二）"营改增"与税收敏感度

税制改革会影响公司绩效，但对不同公司的影响程度不同。换言之，对于"营改增"政策，不同公司的敏感度不同。税收敏感度高的公司较容易受税收政策影响，并能够及时针对税收政策改革做出反应，保持业绩或使业绩有所上升；税收敏感度低的公司对税收政策改变不敏感，即"营改增"政策对这类公司影响不明显。根据有效市场理论，资本市场能够识别公司税收敏感度差异，即对公司是否能够利用税改来提升公司业绩进而提升公司价值做出判断。据此，提出假设2：

H2：在"营改增"政策颁布前后 [−5，+5] 事件期内，公司税收敏感度与累计超额收益率正相关。

（三）"营改增"与雇佣规模

我国经济增速放缓、产业结构升级导致传统支柱产业公司改革重组加快以及部分传统行业持续低迷，造成了结构性失业与转型性失业，就业难度加大。较之其他政策，以税收政策为主要工具的财税政策在解决就业问题上的作用更直接和明显。因此，通过采用税收优惠、减免税收等形式给公司减负，一定程度上可以缓解当前的就业压力。因此，相较于冗员公司，非冗员公司能够在公司可承受范围内容纳更多的剩余劳动力，政府或市场则对非冗员公司予以更多关注。另外，由于人工成本暂未纳入增值税抵扣范围，因此劳动力成本对增值税并没有税盾效应，反而会增加公司的负担。鉴于扩围试点公司普遍人工成本占总成本比重较大，因此公司雇佣规模越大，累计超额收益率越低。据此，提出假设3：

H3：在"营改增"政策颁布前后 [−5，+5] 事件期内，公司雇佣规模与累计超额收益率负相关。

（四）税收政策与固定资产密度

在"营改增"整个改革进程中，有关固定资产抵扣的政策主要有以下两条：一是，《财政部 国家税务总局关于在全国开展交通运输业和部分现代服务业营业税改征增值税试点税收政策的通知》（财税〔2013〕37 号）规定，自 2013 年 8 月起，增值税一般纳税人自用的应征消费税摩托车、汽车、游艇的进项税额准予从销项税额中抵扣；二是，《财政部 国家税务总局关于全面推开营业税改征增值税试点的通知》（财税〔2016〕36 号）允许将新增的非专门用于集体福利或个人消费的固定资产以及新增的不动产纳入抵扣范围。两项政策的颁布增加了公司可抵扣进项税额，加大了公司减税力度。固定资产密度高的公司对固定资产的依赖程度高，"营改增"有利于公司扩大有效投资。因此，一方面，"营改增"对固定资产占比大的公司是利好消息；另一方面，"营改增"带来的节税效应有利于增加公司内部积累，缓解外部融资约束，公司尽可能多地使用内部融资，在一定程度上降低了资本成本，因此公司会增加资本投入。值得注意的是，2008 年 11 月 10 日公布的《中华人民共和国增值税暂行条例》规定，自 2009 年 1 月 1 日起，公司购入的生产经营用固定资产允许纳入抵扣范围，尽管"营改增"政策将应征消费税的运输工具、生产经营和集体福利或个人消费混用的固定资产以及新购入的不动产纳入抵扣范围可能会引起资本市场对固定资产投资的关注，但是毕竟公司新购入的应征消费税运输工具和生产经营与非生产经营混用的固定资产很少，也不可能将购买不动产视为一项经常性支出。同时，财税〔2016〕36号文件规定 2016 年 5 月 1 日后取得的固定资产和不动产进项税额自取得之日起分两年从销项税额中抵扣。因此，"营改增"的节税效应虽增加了公司内部积累但提升能力有限，固定资产投入成本一般较高且回报期长。因此，短期来看，"营改增"对固定资产密度高公司的减税效应可能并不明显，公司可能倾向于投资劳动雇佣或研发创新等。据此，提出假设 4：

H4：在"营改增"政策颁布前后 [-5, +5] 事件期内，公司固定资产密度对其累计超额收益率无显著影响。

三、研究设计

（一）研究方法

本文采用事件研究法和多元回归法，分别以财政部和国家税务总局发布有关"营改增"政策文件的 2011 年 11 月 16 日（财税〔2011〕111 号）、2012 年 7 月 31 日（财税〔2012〕71 号）、2013 年 5 月 24 日（财税〔2013〕37 号）、2013 年 12 月 12 日（财税〔2013〕106 号）、2014 年 4 月 29 日（财税〔2014〕43 号）以及 2016 年 3 月 23 日（财税〔2016〕36 号）为事件日，计算这六个事件日前后一定时间窗口 [-t, t] 内的累计超额收益率，然后着重从税收敏感度、雇佣规模和固定资产密度三个维度建立多元回归模型分析累计超额收益率的影响因素。表 1 列示了"营改增"具体的试点地区、试点时间、试点行业、政策依据和政策颁布日。

表 1   "营改增" 改革进程与试点情况

进程	试点地区	试点时间	试点行业	试点前营业税税率	试点后增值税税率（一般纳税人）	政策依据	政策颁布日
第一次试点	上海	2012 年 1 月 1 日	"1＋6"："1"是交通运输业,包括陆路运输、水路运输、航空运输和管道运输；"6"即现代服务业中 6 个行业,包括研发和技术、信息技术、文化创意、物流辅助、有形动产租赁和鉴证咨询	交通运输业,3%；现代服务业,5%	交通运输业,11%；有形动产租赁,17%；除有形动产租赁之外的现代服务业,6%	财税〔2011〕111 号	2011 年 11 月 16 日
第二次试点	北京	2012 年 9 月 1 日				财税〔2012〕71 号	2012 年 7 月 31 日
	江苏、安徽	2012 年 10 月 1 日					
	福建（含厦门）、广东（含深圳）	2012 年 11 月 1 日					
	天津、浙江（含宁波）、湖北	2012 年 12 月 1 日					
第三次试点		2013 年 8 月 1 日	"1＋7"：在"1＋6"的基础上增加广播影视服务	5%	6%	财税〔2013〕37 号	2013 年 5 月 24 日
第四次试点	全国范围	2014 年 1 月 1 日	"2＋7"：在"1＋7"的基础上增加交通运输业中的铁路运输和邮政业	3%	11%	财税〔2013〕106 号	2013 年 12 月 12 日
第五次试点		2014 年 6 月 1 日	"3＋7"：在"2＋7"的基础上增加电信业	3%	基础电信服务：11%；增值电信服务：6%	财税〔2014〕43 号	2014 年 4 月 29 日
第六次试点	全国范围	2016 年 5 月 1 日	"全部"：在"3＋7"的基础上增加建筑业、房地产业、金融业和生活服务业	建筑业：3%,房地产、金融业和生活服务业：5%	建筑业和房地产业：11%,金融业和生活服务业：6%	财税〔2016〕36 号	2016 年 3 月 23 日

1. 事件研究法

本文通过事件研究法来考察"营改增"分行业、分地区逐步推进各时点的短期市场反应,具体步骤如下。（1）时间窗口的选择。国内外文献中对事件日的选择并没有统一的标准。Campbell 等（1997）认为如果事件窗口在 [-30,+30],估计窗口可以选择多于 120 天。其中对于短事件窗口研究,事件窗口长度的设定从 [-10,+10]前后共 21 天（陈汉文和陈向民,2002）、[-5,+5] 前后共 11 天（王雄元和高曦,

2017)、[-2, +2] 前后共 5 天 (Brown et al., 2009) 至 [-1, +1] 前后共 3 天 (Aktas et al., 2009) 不等。因此，出于折中考虑，本文以"营改增"政策颁布日为事件日，选取 [-130, -6] 为估计期、[-5, +5] 为事件期。(2) 估计正常收益率。本文采用市场模型，在稳健性检验中采取市场调整模型来估计正常收益率。对于市场收益率，本文采用沪深 300 指数。(3) 计算日平均超额收益率。(4) 计算事件期内的累计超额收益率。

2. 多元回归法

基于"营改增"的市场效应，本文从税收敏感度、雇佣规模和固定资产密度三个维度建立多元回归模型分析累计超额收益率 (CAR) 的影响因素，模型如下所示：

$$CAR\_id = \alpha + \beta_i Explanatory\ Variables + \gamma_i Control\ Variables + \varepsilon \tag{1}$$

被解释变量 CAR_id 是事件研究法中时间窗口内计算的上市公司股票的累计超额收益率，解释变量是税收敏感度 (TS)、雇佣规模 (Rate) 和固定资产密度 (Capint)；控制变量包括公司规模 (Size)、财务杠杆 (Lev)、盈利能力 (Mpg)、成长能力 (Growth)、市场风险 (Beta)、账面市值比 (Bm)、机构投资者 (Ins) 和行业 (Ind)；ε 代表残差。

（二）变量定义与度量

(1) 累计超额收益率。首先估计正常收益率，采用市场模型即：$R_{it} = \alpha_i + \beta_i R_{mt} + \varepsilon$。其中，$R_{it}$ 为估计期的个股收益率，R_{mt} 为市场收益率，此处为沪深 300 指数，通过回归得到每只股票的 α_i 和 β_i，将事件期的市场收益率代入即可求得股票的期望收益率 $\hat{R}_{it}$。然后计算超额收益率 AR_{it}：$AR_{it} = R_{it} - \hat{R}_{it}$。同时，计算市场整体的日平均超额收益率 AAR：$AAR_t = \frac{1}{N}\sum_{i=1}^{N} AR_{it}$。进一步计算样本在事件期 [-5, +5] 的累计超额收益率：$CAR\_id_t = \sum_{t=-t_0}^{t_0} AR_{it}$。最后，计算市场整体的累计超额收益率 CAR：$CAR = \sum_{t=-t_0}^{t_0} AAR_t$。

(2) 税收敏感度。税收敏感度是指公司对政府可征税收和各项税收优惠政策的反应程度。借鉴周振华 (2013) 的做法，本文用整体税收敏感度来衡量公司税收敏感度，计算方法如下：

$$TS = \Delta NP/\Delta T \tag{2}$$

其中，ΔNP 为净利润变化率，ΔT 为实际税负变化率（此处为整体税负变化率）。然后按中位数分组，高于中位数 TS 取 1，反之取 0。

（3）雇佣规模。借鉴曾庆生和陈信元（2006）、曹书军等（2009）的研究，选择相对雇员指标衡量公司的雇佣规模，计算方法如下：

$$Rate = \ln(Employee\_mun/Income) \tag{3}$$

其中 $Income$ 为营业总收入，$Employee\_num$ 为公司期末雇员数量。

（4）固定资产密度。固定资产密度即期末固定资产净值占总资产的比重。

（5）控制变量。参考 Ayers 等（2002）、曾亚敏和张俊生（2005）和曹越等（2017）的文献，本文控制了公司规模（$Size$）、财务杠杆（Lev）、盈利能力（Mpg）、成长能力（$Growth$）、市场风险（$Beta$）、账面市值比（Bm）等变量，并引入行业、机构投资者等虚拟变量来对累计超额收益率影响因素予以控制。具体变量定义如表 2 所示。

表 2   变量定义

变量类型	变量名称	变量符号	变量定义
被解释变量	累计超额收益率	CAR_id	累计超额收益率指标，详细衡量方法见前述
解释变量	固定资产密度	$Capint$	使用期末固定资产净值与期末总资产的比例衡量
	公司雇佣规模	$Rate$	$Rate = \ln(Employee\_num/Income)$，其中 $Income$ 为营业总收入，$Employee\_num$ 为公司期末雇员数量
	税收敏感度	TS	$TS = \Delta NP/\Delta T$，其中 ΔNP 为净利润变化率，ΔT 为实际税负变化率；按中位数分组，高于中位数 TS 取 1，反之取 0
控制变量	盈利能力	Mpg	$Mpg = \dfrac{(Income - Cost + Employee)}{Income}$，其中 $Income$ 为营业总收入，$Cost$ 为营业总成本，$Employee$ 为现金流量表中 "支付给职工以及为职工支付的现金" 一栏的数字
	公司规模	$Size$	使用期末总资产的自然对数衡量
	财务杠杆	Lev	使用期末负债总额与期末总资产的比例衡量
	市场风险	$Beta$	使用窗口期内当月的日风险系数衡量
	成长能力	$Growth$	$Growth =$（期末总资产 − 期初总资产）/期初总资产
	账面市值比	Bm	使用公司所有者权益总额与市值的比例衡量
	机构投资者	Ins	使用公司机构投资者持股比例来衡量
	行业	Ind	根据证监会 2012 年行业代码进行分类

（三）数据来源和样本选择

第一次试点和第二次试点的研究样本为全部 A 股中隶属于交通运输业、研发与技术服务业、信息技术服务业、文化创意服务业、物流辅助服务业、有形动产租赁服务业以及鉴证咨询服务业的上市公司共 186 家，剔除 ST 与 *ST 公司以及窗口期内数据不完整的样本，两次试点分别得到有效样本 111 个和 143 个。第三次试点的研究样本为全部 A 股中隶属于广播影视服务业的上市公司共 21 家，剔除 ST 与 *ST 公司以及窗口期内数据不完整的样本，共计得到有效样本 14 个。第四次试点的研究样本为全部 A 股中隶属于交通运输业、邮政业的上市公司共 77 家，剔除 ST 与 * ST 公司以及窗口期内数据不完整的样本，共计得到有效样本 69 个。第五次试点的研究样本为全部 A 股中隶属于电信业的上市公司共 32 家，剔除 ST 与 * ST 公司以及窗口期内数据不完整的样本，共计得到有效样本 23 个。第六次试点的研究样本为 A 股中隶属于建筑业、金融业、房地产业、生活服务业的上市公司共 434 家，剔除 ST 与 * ST 公司以及窗口期内数据不完整的样本，共计得到有效样本 276 个。本文涉及的相关财务数据为 2008 ~ 2016 年年报数据，个股收益率与年度财务数据来源于 CSMAR 数据库；Beta 值来源于 Wind 数据库。同时为了控制异常值的影响，各连续型变量均按 1% 分位数和 99% 分位数进行了缩尾处理。

四、实证结果与分析

(一)"营改增"政策的市场反应

1. 全样本分析

表 3、表 4 和表 5 分别列示了六次"营改增"试点政策发布期间市场上平均超额收益率（AAR）与累计超额收益率（CAR）的变动趋势。

表 3　"营改增"第一次和第二次试点全样本窗口期 AAR 与 CAR 变动趋势

DATE	第一次试点			第二次试点		
	AAR(%)	CAR(%)	T 值	AAR(%)	CAR(%)	T 值
− 5	0.22	0.22	5.42 ***	0.28	0.28	7.49 ***
− 4	0.34	0.56	8.46 ***	0.02	0.30	5.51 ***
− 3	0.12	0.68	8.65 ***	− 0.33	− 0.03	− 0.47
− 2	− 0.05	0.63	7.61 ***	− 0.56	− 0.59	− 6.91 ***
− 1	0.38	1.01	11.18 ***	− 1.59	− 2.18	− 20.89 ***
0	0.24	1.25	12.23 ***	− 1.68	− 3.86	− 34.27 ***
1	− 0.01	1.24	11.19 ***	0.36	− 3.50	− 29.98 ***
2	− 0.21	1.03	8.84 ***	0.46	− 3.04	− 24.09 ***
3	0.2	1.23	10.32 ***	1.13	− 1.91	− 14.96 ***
4	− 0.03	1.20	9.51 ***	0.78	− 1.13	− 8.68 ***
5	0.08	1.28	9.67 ***	0.87	− 0.26	− 1.97 **

注：***、**、* 分别表示在 1%、5%、10% 的置信水平上显著（双尾），下文同。

表 4　"营改增"第三次和第四次试点全样本窗口期 AAR 与 CAR 变动趋势

DATE	第三次试点			第四次试点		
	AAR(%)	CAR(%)	T 值	AAR(%)	CAR(%)	T 值
− 5	0.08	0.08	1.72 *	0.08	0.08	1.48
− 4	1.04	1.12	16.12 ***	0.26	0.34	5.02 ***

续表

DATE	第三次试点			第四次试点		
	AAR(%)	CAR(%)	T 值	AAR(%)	CAR(%)	T 值
−3	1.17	2.29	26.20***	1.07	1.41	17.67***
−2	−1.12	1.17	12.95***	−0.12	1.29	13.64***
−1	0.59	1.76	16.73***	0.30	1.59	14.91***
0	1.11	2.87	24.31***	0.63	2.22	19.44***
1	0.79	3.66	28.83***	0.46	2.68	22.22***
2	−1.78	1.88	15.13***	−0.21	2.47	18.73***
3	0.74	2.62	19.74***	−0.24	2.23	16.48***
4	0.49	3.11	21.81***	−0.19	2.04	14.26***
5	0.42	3.53	24.03***	−0.03	2.01	13.74***

表5 “营改增”第五次和第六次试点全样本窗口期 AAR 与 CAR 变动趋势

DATE	第五次试点			第六次试点		
	AAR(%)	CAR(%)	T 值	AAR(%)	CAR(%)	T 值
−5	−1.21	−1.21	−22.82***	1.02	1.02	8.53***
−4	−0.26	−1.47	−20.46***	0.93	1.95	8.75***
−3	−0.81	−2.28	−26.83***	−0.33	1.62	5.43***
−2	−1.29	−3.57	−34.35***	0.06	1.68	5.21***
−1	−2.02	−5.59	−43.50***	0.24	1.92	5.17***
0	0.28	−5.31	−40.65***	−0.02	1.90	4.91***
1	0.80	−4.51	−33.62***	0.11	2.00	4.95***
2	1.00	−3.51	−25.38***	0.56	2.56	5.94***
3	0.52	−2.99	−21.42***	−0.51	2.05	4.69***
4	−0.93	−3.92	−24.52***	−0.01	2.04	4.46***
5	0.24	−3.68	−22.13***	0.20	2.24	4.61***

结合表3、表4和表5对六次“营改增”政策试点进行具体分析。

（1）第一次“营改增”试点政策（财税〔2011〕111号）颁布前，CAR 在 DATE = −4 和 DATE = −3 日小幅上升，后在 DATE = −2 日略有下降，随后再迅速回升并持续走高至最高点（DATE = 0 日的 CAR 显著为正，为1.25%，是 DATE = −1 日的1.24倍，是 DATE = −2 日的1.98倍），说明财税〔2011〕111号政策颁布的消息已被部分投资者提前获悉，但不影响资本市场对财税〔2011〕111号政策的看好。事件日后出现小幅下降后，CAR 稳定在1.2% ~ 1.28%，说明投资者对第一次“营改增”试点政策的过度反应得到了调整，并高度认可“营改增”可能带来的正面经济效应。

（2）第二次“营改增”试点政策（财税〔2012〕71号）事件日后连续五个交易日的 CAR 都显著小于零，AAR 都大于零，其中前三个交易日的 AAR 是递增的，交易日

DATE ＝3 的 *AAR* 为 1.13%（P 值 ＜0.01），是 DATE ＝1 日的 3.14 倍，是 DATE ＝2 日的 2.46 倍，之后便略有下降，但整体呈上升趋势。这说明，市场对财税〔2012〕71 号政策的认可度高，即使在当年股市持续下跌的情况①下，也不妨碍投资者对它的看好。

（3）第三次"营改增"试点政策（财税〔2013〕37 号）颁布前的五个交易日中有四日的 *AAR* 显著为正，在 DATE ＝－5 至 DATE ＝－3 日，*CAR* 从 0.08% 大幅上升至 2.29%，事件日的 *CAR* 为 2.87%，此后在上升到最高点 3.66% 之后回落至 1.88% 再持续走高。说明投资者将财税〔2017〕37 号"营改增"政策视为对股价的利好消息，且"营改增"政策这一消息逐步被市场消化。

（4）第四次"营改增"试点政策（财税〔2013〕106 号）颁布前的五个交易日中有四日的 *AAR* 显著为正。在 DATE ＝－5 至 DATE ＝－3 日，*CAR* 从 0.08% 大幅上升至 1.41%。事件日的 *CAR* 为 2.22%，此后在上升到最高点 2.68% 之后回落至 2.01%。这说明，财税〔2017〕106 号"营改增"政策颁布的消息可能已经泄露，部分投资者提前获悉，且视其为对股价的利好消息。

（5）第五次"营改增"试点政策（财税〔2014〕43 号）颁布前，*CAR* 从 －1.21% 急剧下降到最低点 －5.59%。在"营改增"政策颁布后一日 *CAR* 开始回升，DATE ＝0 日至 DATE ＝3 日的 *AAR* 显著为正，说明在 2014 年初 A 股市场持续低迷的情况②下，股票市场对财税〔2014〕43 号政策的颁布仍有明显正向的反应。

（6）第六次"营改增"试点政策（财税〔2016〕36 号）颁布前的五个交易日中有四日的 *AAR* 显著为正，且 *CAR* 趋于平缓，说明"营改增"颁布的消息可能已经泄露，部分投资者提前获悉。DATE ＝－4 日与 DATE ＝2 日 *AAR* 显著为正，但是在随后出现的一个交易日 *AAR* 显著为负，说明投资者对先前过高的预期做了一定程度的反向修正。事件日的 *CAR* 为 1.90%，之后上升到最高点 2.56%，再回落至 2.24%，表明投资者们对"营改增"全面铺开这一消息持"看好"态度。

综上，六次"营改增"试点政策发布期间市场的 *AAR* 与 *CAR* 变动趋势均表明在"营改增"政策颁布前后 ［－5，＋5］ 事件期内资本市场出现了显著正向的市场反应，即支持了假设 H1。

六次"营改增"政策发布期间市场的整体走势汇总如图 1 所示。

图 1 报告了从 2011 年 11 月 16 日"营改增"第一次在上海试点到 2016 年 3 月 23 日"营改增"全面推开施行过程中六次试点的 *CAR* 走势。从图 1 可见，受不同因素的影响，六次试点的市场反应各有差异，*CAR* 有正有负，总体而言，第一、第三、

---

① 2012 年 5 月是全年股市行情的重要"分水岭"，在此后长达 7 个月的时间内，A 股一路阴跌不止。5 月、6 月、7 月、8 月，沪指连续 4 个月收阴，跌幅均在 1% 以上，6 月、7 月更分别达到 6.19% 及 5.47%。

② 2014 年上半年的 A 股市场走势低迷，上证指数从年初的 2200 点逐步滑落至 6 月底的 2050 点，跌幅达 7.3%；深圳成指从 8100 点以上滑落至 7300 点，跌幅达 10%。

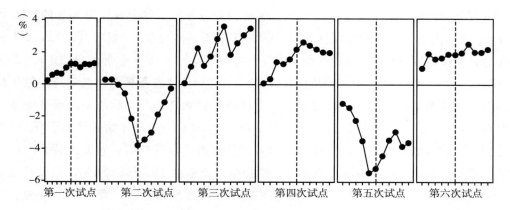

图1 "营改增"六次试点全样本〔-5，+5〕事件期内 CAR 变化趋势

第四、第六次试点 CAR 大于零，第二、第五次试点 CAR 小于零。受股市波动影响，CAR 小于零并不代表投资者不看好"营改增"政策的颁布，因为从图1中可以很明显地看出，在"营改增"政策颁布日（事件日）后的 CAR 曲线都出现明显上升趋势，说明市场对这六次"营改增"政策的颁布都反应积极。这也进一步支持了H1，即在"营改增"政策颁布前后〔-5，+5〕事件期内资本市场出现了显著正向的市场反应。

2. 行业分样本分析

下文主要分析六次"营改增"试点政策发布期间试点行业分样本的 CAR 走势。

（1）第一次"营改增"试点政策（财税〔2011〕111号）颁布期间试点行业子样本的 CAR 走势如图2所示。

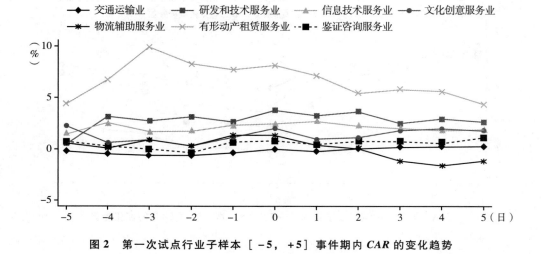

图2 第一次试点行业子样本〔-5，+5〕事件期内 CAR 的变化趋势

从图 2 可以发现，除交通运输业和物流辅助服务业外，其余现代服务业的 *CAR* 均大于 0，尤其是有形动产租赁服务业的 *CAR* 显著高于其他行业。"财税〔2011〕111 号政策分行业窗口期 *AAR* 与 *CAR* 变动趋势"① 结果显示，交通运输业在 DATE = −5 至 DATE = 2 日的 *CAR* 均低于 0，*AAR* 在 DATE = 2 日开始连续有积极的市场反应，但 T 值不显著，这说明了投资者对交通运输业"营改增"持观望态度。物流辅助服务业在事件日前 *CAR* 均大于 0，事件日后 *CAR* 持续下跌，自 DATE = 3 日开始显著小于 0。可能的原因是，物流辅助服务业人工成本占比大，且公路运输管理费、过路过桥费、油费和装卸费等均未纳入试点范围，进项税额抵扣少，税率由 3% 上升到 6%，销项税额扩大，从而增加了公司的税负压力。因此，市场将物流辅助服务业"营改增"视为利空消息。研发和技术、信息技术、文化创意与鉴证咨询服务业总体趋势相同：都有积极的市场反应且 *CAR* 总体均显著大于 0。说明"营改增"进一步引导和激励公司开展研发活动，提高创新能力，推动我国经济走上创新驱动型发展的道路。有形动产租赁服务业在"营改增"政策颁布前，*CAR* 在急剧上升后到达最高点（DATE = −3 日的 *CAR* 显著为正，为 9.91%），随后缓慢回落趋于平缓。根据有效市场理论以及现实中存在信息"泄露"的倾向分析，市场及投资者可能提前获知"营改增"政策信息，并视之为利好消息。但随着时间推移，该消息逐步被市场消化并趋于平缓。综上，上述结果直接验证了假设 H1，即各行业的市场反应不尽相同。概括来说，投资者视研发和技术、信息技术、文化创意、鉴证咨询和有形动产租赁服务业的"营改增"为利好消息，视物流辅助服务业的"营改增"为利空消息，对交通运输业"营改增"持观望态度。

（2）第二次"营改增"试点政策（财税〔2012〕71 号）颁布期间试点行业子样本的 *CAR* 走势如图 3 所示。

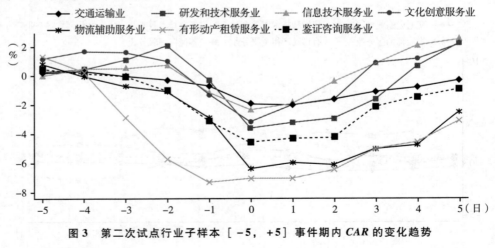

图 3　第二次试点行业子样本 ［−5，+5］事件期内 *CAR* 的变化趋势

────────────

① 因篇幅有限未列示结果。

从图3可以看出，试点行业的 CAR 曲线与图2中对应的曲线存在一定相似，事件日前 CAR 大幅下跌，在事件日后迅速回升。"财税〔2012〕71号政策分行业窗口期 AAR 与 CAR 变动趋势"① 结果显示，除了交通运输业和物流辅助服务业外，其余试点行业在事件日后两日的 AAR 均显著为正。其中，研发和技术、信息技术、文化创意和鉴证咨询服务业总体趋势相似，CAR 在交易日 DATE ＝ 5 已逐渐回升至正值或接近正值；有形动产租赁服务业与物流辅助服务业从 DATE ＝ 2 日开始，CAR 曲线走势几乎相同，但上升速度较为缓慢；交通运输业在事件日前后两天内的 AAR 都小于零，但只有事件日及后两个交易日的 T 值显著，且 CAR 曲线起伏不大。上述结果直接验证了 H1，不同行业对财税〔2012〕71号"营改增"政策的市场反应不尽相同。概括来说，投资者对交通运输业保持观望态度，视研发和技术、信息技术、文化创意、鉴证咨询、有形动产租赁和物流辅助服务业的"营改增"为利好消息，但有形动产租赁和物流辅助服务业的市场反应较弱，原因可能是有形动产租赁"营改增"后的适用税率更高，物流辅助服务业的可抵扣进项税额较少。

（3）第三次"营改增"试点政策（财税〔2013〕37号）颁布期间试点行业子样本的 CAR 走势如图4所示。

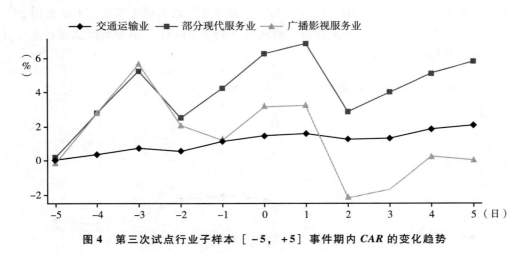

图4　第三次试点行业子样本〔－5，＋5〕事件期内 CAR 的变化趋势

从图4可以发现，在前两次试点中改征增值税的部分现代服务业的 CAR 曲线与全样本曲线有一定相似；交通运输业的 CAR 曲线呈缓慢上升趋势；广播影视服务业在 DATE ＝ －5 至 DATE ＝ －2 日的曲线走势与部分现代服务业几乎相同，之后以 DATE ＝ －2 日为转折点，广播影视服务业的 CAR 开始明显低于部分现代服务业，甚至出现了

---

① 因篇幅有限未列示结果。

CAR 小于零的情况。"财税〔2013〕37 号政策试点行业窗口期 AAR 与 CAR 变动趋势"[1]结果显示，部分现代服务业的 CAR 显著大于零，且 DATE = −2 日与 DATE = 2 日 AAR 显著为负，说明投资者对先前过高的预期做了一定程度的反向修正。交通运输业的 CAR 从 −0.01% 缓慢上升到 2.07%，相比部分现代服务业上升趋势不明显。可能的原因是，交通运输业"营改增"是一个渐进的过程，在改革过程中会受到转换阻力从而增加公司税负压力（樊轶侠，2017）。因此，经过几年的磨合与调整，投资者对交通运输业"营改增"不再持观望态度，偏向于视其为保守的利好消息。广播影视服务业在事件日前五个交易日中，有三日的 AAR 显著为负，说明财税〔2013〕37 号政策颁布的消息可能已经泄露，部分投资者已提前获知。在事件日后第二日，CAR 下降至最低点，为 −2.17%，之后略有回升，但 T 值均不显著。说明投资者最开始看好广播影视服务业"营改增"，之后随着时间的推移，"营改增"政策逐渐被代表行业消化，市场对先前过高的预期做了一定程度的反向修正，甚至有部分投资者视其为利空消息。可能的原因，一是广播影视业营业税改征增值税后税率由 3% 上升到 6%，短期内税负可能有所增加；二是广播影视公司若在"营改增"前已购置较多的固定资产，则在"营改增"后无法得到抵扣，加之人工成本未纳入抵扣范围，公司进项税额抵扣不足，从而增加税负。上述结果直接验证了 H1，不同行业对"营改增"政策的市场反应不尽相同。

（4）第四次"营改增"试点政策（财税〔2013〕106 号）颁布期间试点行业子样本的 CAR 走势如图 5 所示。

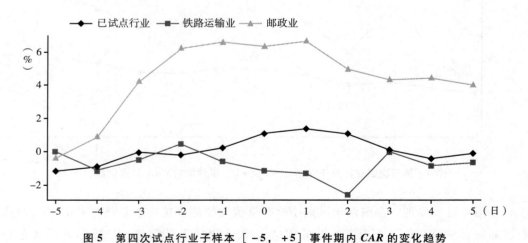

图 5　第四次试点行业子样本 ［−5，+5］事件期内 CAR 的变化趋势

从图 5 可以看出，在前三次试点中已改征增值税行业的 CAR 曲线与全样本曲线有一定相似；邮政业的 CAR 从 DATE = −5 日开始有大幅上升，且明显大于其他行业；铁

---

① 因篇幅有限未列示结果。

路运输业的 *CAR* 曲线在 -1% 附近上下波动,在 DATE = 2 日 *CAR* 达到最低点,随后迅速回升保持原有趋势发展。"财税〔2013〕106 号政策试点行业窗口期 *AAR* 与 *CAR* 变动趋势"[①] 结果显示,已试点行业在政策颁布日前一天直至颁布日后一天的 *AAR* 大于零,且 *CAR* 在 [-1,3] 区间内都为正,再一次印证了市场对已实施的"营改增"政策的认可。邮政业的 *CAR* 在事件日前一直保持高速增长模式,从 -0.43% 上升至最高点 6.68%,随后下降到 3.99%。这说明,财税〔2013〕106 号政策颁布的消息可能已经泄露,部分投资者已提前获知,且十分看好邮政业"营改增",在事件期后期还对先前过高的预期做了一定程度的反向修正。铁路运输业的 *CAR* 在统计上均不显著,这说明股票市场对铁道运输业"营改增"基本上没有任何反应。可能的原因是:铁路运输业试点公司大多属于国有公司,且处于国有资本布局中的关键领域,是政府管制和扶持的对象,若"营改增"对铁路运输业试点公司有利,政府的补贴一般会减少;反之,则政府会增加补贴,确保铁路运输公司正常运营所需要的利润水平。即"营改增"实质上对铁路运输业试点公司的经营业绩无显著影响。上述结果直接验证了 H1,不同行业对"营改增"政策的市场反应不尽相同。

（5）第五次"营改增"试点政策（财税〔2014〕43 号）颁布期间试点行业子样本的 *CAR* 走势如图 6 所示。

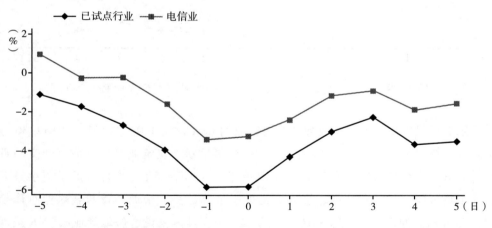

图 6　第五次试点行业子样本 [-5,+5] 事件期内 *CAR* 的变化趋势

从图 6 可以看出,两者的 *CAR* 曲线与全样本曲线有一定相似,事件日前 *CAR* 大幅下跌,在事件日后迅速回升。同时,电信业的 *CAR* 曲线明显高于已试点行业的 *CAR* 曲线。"财税〔2014〕43 号政策试点行业窗口期 *AAR* 与 *CAR* 变动趋势"[②] 结果显示,已

---

① 因篇幅有限未列示结果。

② 因篇幅有限未列示结果。

试点行业在事件日后三日的 *AAR* 均显著为正，说明已实行的"营改增"政策已深入人心，得到了投资者的认可。电信业在 DATE = −3 日的 *AAR* 大于零，为 0.03%，但不显著。可能的原因是，根据有效市场理论以及现实中存在信息"泄露"的可能性，市场及投资者可能提前获知电信业营业税改征增值税的信息，且视其为利好消息，在图 6 中可以验证这一点。上述结果直接验证了 H1，不同行业对"营改增"政策的市场反应不尽相同。概括来说，已经营业税改征增值税的行业以及新扩围的电信业都得到了积极的市场反应。

（6）第六次"营改增"试点政策（财税〔2016〕36 号）颁布期间试点行业子样本的 *CAR* 走势如图 7 所示。

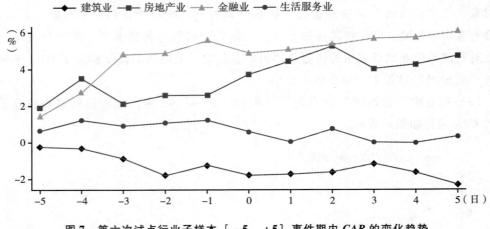

图 7　第六次试点行业子样本 ［−5，+5］ 事件期内 *CAR* 的变化趋势

从图 7 可以发现，除建筑业外的三大行业的 *CAR* 均大于 0。"财税〔2016〕36 号政策试点行业窗口期 *AAR* 与 *CAR* 变动趋势"① 结果显示，建筑业事件日前三个交易日到事件日后五个交易日这段时间的 *CAR* 显著低于 0，且日 *AAR* 在事件日后虽连续三天有积极的市场反应，但是到第四、第五天仍处于下降趋势。房地产业与金融业总体趋势相同：都有积极的市场反应且 *CAR* 均显著大于 0。具体来说，房地产业的 *CAR* 呈现一种先慢后快的上升趋势，且在事件日前一天（DATE = 1 日）发生转折。根据有效市场理论以及现实中存在信息"泄露"的倾向分析，市场及投资者前期并未预知到房地产业会在此次扩围行业范围内。相反，金融业呈现一种先快后慢的上升趋势，转折点在事件日前的第三个交易日，这说明投资者已预期到金融业即将进行"营改增"，并视之为利好消息。但随着时间推移，该消息逐步被市场消化并趋于平缓。对于生活服

———————————

① 因篇幅有限未列示结果。

务业，*CAR* 虽略有下降但整体走势平缓，并且 *CAR* 的 T 值并不显著。综上，上述结果直接验证了 H1，即各行业的市场反应不尽相同。概括来说，投资者视房地产与金融业的"营改增"为利好消息，视建筑业的"营改增"为利空消息，对生活服务业的"营改增"持观望态度。

（二）"营改增"市场反应的影响因素

为了获得更深入的经验证据，本文进一步从税收敏感度、雇佣规模及固定资产密度三个维度对累计超额收益率进行多元回归分析。

1. 变量描述性统计

主要变量描述性统计结果[①]显示：第一次"营改增"试点的累计超额收益率（CAR_id）均值为 0.014，中位数为 0.011。第二次"营改增"试点的累计超额收益率（CAR_id）均值为 0.006，中位数为 0.003。第三次"营改增"试点的累计超额收益率（CAR_id）均值为 0.057，中位数为 0.05。第六次"营改增"试点的累计超额收益率（CAR_id）均值为 0.022，中位数为 0.011。均可进一步支撑假设 1：在对应"营改增"政策发布期间，资本市场出现了显著正向的市场反应。另外，第四次"营改增"试点的累计超额收益率（CAR_id）均值为 − 0.014，中位数为 − 0.009，最大值为 0.123；第五次"营改增"试点的累计超额收益率（CAR_id）均值为 − 0.0395，中位数为 − 0.0426，最大值为 0.0711，说明市场对交通运输业、邮政业和电信业上市公司"营改增"出现了不同的反应。

2. "营改增"市场反应的影响因素

本文在此从税收敏感度、雇佣规模及固定资产密度三个维度对累计超额收益率进行多元回归分析（如表 6 所示）。

表 6　"营改增"六次试点市场反应的多元回归结果

变量名	（1）第一次试点	（2）第二次试点	（3）第三次试点	（4）第四次试点	（5）第五次试点	（6）第六次试点
TS	0.0004 (0.050)	0.0117 (1.081)	0.0336 (0.708)	0.0028 (0.209)	0.0724 * (1.738)	0.0147 * (1.773)
Rate	− 0.0017 (− 0.256)	− 0.0028 (− 0.443)	− 0.1141 (− 1.862)	− 0.0063 (− 0.780)	− 0.0548 ** (− 2.293)	− 0.0130 ** (− 2.544)
Capint	− 0.0074 (− 0.247)	− 0.0225 (− 0.707)	− 0.2700 (− 0.760)	0.0298 (0.919)	0.1916 * (2.130)	− 0.0181 (− 0.457)

---

① 因篇幅有限未列示结果。

续表

变量名	(1)第一次试点	(2)第二次试点	(3)第三次试点	(4)第四次试点	(5)第五次试点	(6)第六次试点
Size	-0.0042 (-0.609)	-0.0043 (-0.614)	-0.1578 * (-3.097)	-0.0002 (-0.026)	0.0136 (0.491)	-0.0139 *** (-3.254)
Mpg	-0.0412 (-1.102)	0.0590 (1.525)	0.7549 (2.014)	0.1536 ** (2.627)	0.0331 (0.294)	-0.0305 (-1.493)
Lev	0.0317 (0.957)	0.0357 (1.068)	0.2173 (1.121)	0.1436 ** (2.467)	0.0227 (0.185)	0.0255 (0.839)
Beta	-0.0690 ** (-2.550)	-0.0089 (-0.365)	0.2946 (1.798)	0.0565 (1.510)	-0.0182 (-0.236)	-0.0032 (-0.265)
Growth	-0.0553 *** (-2.981)	0.0069 (1.165)	-0.7152 (-0.867)	0.0217 (0.431)	-0.0036 (-0.034)	-0.0038 (-0.238)
Bm	0.0137 (0.355)	0.0279 (1.194)	0.4047 (1.609)	-0.0099 (-0.482)	-0.0376 (-0.670)	-0.0032 (-0.265)
Ins	0.0053 (0.280)	-0.0089 (-0.375)	-0.5540 (-2.297)	-0.0573 * (-1.702)	0.0411 (0.546)	0.0293 * (1.94)
_cons	0.1003 (0.876)	0.0520 (0.436)	3.0214 (2.918)	-0.0724 (-0.685)	-0.8016 ** (-2.418)	-0.2133 *** (-2.806)
Ind	控制	控制	控制	控制	控制	控制
调整 R^2	0.0802	0.0481	0.7094	0.1412	0.2095	0.2388
样本数(个)	111	143	14	64	23	276
F 值	1.4792	1.3415	3.8849	1.7399	1.5302	8.5668

注：括号中数值为 t 值。

　　表 6 中的结果显示，公司税收敏感度与累计超额收益率正相关，但在前四次试点中均不显著，仅在第五、第六次试点中，税收敏感度与累计超额收益率正相关且在 10% 的置信水平上显著。整体而言，税收敏感度的回归系数随改革推进而逐步增长且更加显著，说明"营改增"逐步推开，打通了抵扣链条，让税收敏感度高的试点公司享受的减税效果更加明显。公司雇佣规模与累计超额收益率负相关，在前四次试点中结果均不显著，在第五次试点和第六次试点中，公司雇佣规模与累计超额收益率的系数分别为 -0.0548 和 -0.0130，且均在 5% 的置信水平显著，说明"营改增"试点前期，部分地区、部分行业因未参与试点，增值税抵扣链条欠规范，人工成本、地租等均不得抵扣，投资者并未将雇佣规模视为影响试点公司经营业绩的重要因素，即雇佣规模的回归系数为负且不显著。但是随着"营改增"试点范围逐步推广以至全面推开，增值税抵扣链条趋于完整，房地产购销与租赁等均纳入抵扣范围，但是人工成本仍不得抵扣，此时雇佣规模成为影响试点公司业绩的重要因素，即雇佣规模的回归系数显著为负。固定资产密度对累计超额收益率的影响有正有负，除了在第五次试点中，固定资产

密度和累计超额收益率正相关且在 10% 的置信水平上显著外，其余的系数均不显著。综上，说明对于固定资产密度高的公司而言，市场投资者预期试点公司短期内通过大规模增加固定资产而减少税负的可能性很小，毕竟固定资产属于重资产，盲目增加固定资产（尤其是非生产性固定资产）将对公司未来经营业绩产生重大不利影响，即整体而言，固定资产密度的回归系数不显著。上述结果支持了 H2、H3 与 H4。即在 "营改增" 政策颁布前后 [−5，+5] 事件期内，公司税收敏感度与公司累计超额收益率正相关；公司雇佣规模与公司累计超额收益率负相关；公司固定资产密度对公司累计超额收益率无显著影响。

五、稳健性分析

本文通过变更累计超额收益率的度量方法来进行稳健性检验。首先，采用市场调整模型估计正常收益率；其次，以沪深 300 指数衡量市场收益率，同时维持 [−5，+5] 的 11 天窗口期不变，重新计算六次 "营改增" 的累计超额收益率并代入原模型中进行回归。回归结果①显示，在全样本回归中公司税收敏感度与累计超额收益率正相关，仅在第六次试点中在 10% 的置信水平上显著；公司雇佣规模与累计超额收益率负相关，也是在第五次和第六次试点中系数为负且在 5% 的置信水平上显著；在第五次试点中，固定资产密度与累计超额收益率正相关且在 5% 的置信水平上显著，其余试点期系数符号存在差异，说明固定资产密度对累计超额收益率无显著影响。上述结果与前文保持一致，表明本文结果具有较好的稳健性。

六、结论

本文基于 "营改增" 改革进程，运用事件研究法和多元回归法分别考察了六次 "营改增" 试点给扩围行业带来的市场反应，并从税收敏感度、雇佣规模和固定资产密度三个维度分析了影响市场反应的影响因素，结论如下。

第一，市场认同 "营改增" 能够提升公司价值，在六次 "营改增" 试点中，投资者均将扩围行业施行 "营改增" 视为利好消息，尽管累计超额收益率存在小于零的情况，但在 "营改增" 政策颁布后，六次试点都产生了显著为正的平均超额收益率，即出现了积极的市场反应。

第二，鉴于扩围试点公司的行业特征差异，不同行业表现出不同的市场反应消息，且随着时间推移，反应也会产生变化：投资者对交通运输业试点从一开始的保持观望到

---

① 因篇幅有限未列示结果。

视为"利好";投资者视现代服务业、邮政业、电信业、房地产业与金融业"营改增"为利好消息,视建筑业"营改增"为利空消息,对生活服务业"营改增"持观望态度。

第三,税收敏感度不同的公司,对"营改增"的市场反应也有差异:税收敏感度越高的公司越能够及时对税改政策做出反应。同时,随着"营改增"试点的逐步推开,增值税抵扣链条被逐渐打通,使得税收敏感度高的公司享受的减税效果也将更加明显。

第四,考虑到较小雇佣规模公司在其可承受范围内能够容纳更多就业岗位且人工成本暂未纳入增值税抵扣范围,劳动力成本对增值税没有税盾效应,所以,雇佣规模越低的公司,其累计超额收益率越高。在前四次"营改增"试点中,因部分地区、部分行业未参与试点,增值税抵扣链条未完全打通,人工成本、地租等均不得抵扣,投资者并未将雇佣规模视为影响试点公司经营业绩的重要因素,在第五、第六次试点中,"营改增"试点范围逐步推广以至全面推开,增值税抵扣链条趋于完善,但人工成本仍不可抵扣,此时雇佣规模成为影响试点公司业绩的重要因素,即雇佣规模与累计超额收益率显著负相关。

第五,试点公司短期内通过增加固定资产减少税负的可能性不大,且盲目增加固定资产(尤其是非生产性固定资产)对公司未来经营业绩会产生重大不利影响。因此,固定资产密度与累计超额收益率无显著相关性。

根据上述结论,本文主要得到以下启示:一是"营改增"有利于消除重复征税、减轻企业负担和提升公司价值,是完善中国税制结构的重大举措,表明完善增值税的抵扣链条对于降低税收负担、增加公司价值而言具有重要意义;二是"营改增"是一种结构性减税方案,长期而言有助于促进交通运输业、邮政业、电信业、房地产业和金融业的发展,但不利于建筑业的发展,这就要求企业根据"营改增"的影响倒逼商业模式和业务流程变革,实现转型发展;三是要进一步研究劳动力成本进项抵扣的可行性,为扩大就业奠定坚实基础,雇佣规模与累计超额收益率负相关主要源于劳动力成本无法进项抵扣,在中国人口红利逐渐丧失、企业用工成本增加、新冠肺炎疫情增大就业压力的背景下,有关劳动力成本进项抵扣问题的研究显得尤为必要。

参考文献

曹书军, 刘星, 傅蕴英 . 2009. 劳动雇佣与公司税负:就业鼓励抑或预算软约束 . 中国工业经济, 5:139 - 149.

曹越, 陈文瑞, 张肖飞 . 2017. "营改增"的市场反应及影响因素——来自财税〔2016〕36 号的经验证据 . 证券市场导报, 3:8 - 18.

曹越, 李晶 . 2016. "营改增"是否降低了流转税税负——来自中国上市公司的证据 . 财贸经济, 11:

62 - 76.

陈汉文，陈向民 . 2002. 证券价格的事件性反应——方法、背景和基于中国证券市场的应用 . 经济研究，1：40 - 47.

陈钊，王旸 . 2016. "营改增" 是否促进了分工：来自中国上市公司的证据 . 管理世界，3：36 - 45.

范子英，彭飞 . 2017. "营改增" 的减税效应和分工效应：基于产业互联的视角 . 经济研究，52 (2)：82 - 95.

樊轶侠 . 2017. 交通运输业 "营改增" 前后实际税负比较研究 . 经济纵横，6：117 - 122.

高萍，徐娜 . 2014. "营改增" 对电信行业的影响分析及应对策略 . 中央财经大学学报，7：18 - 22.

郭月梅 . 2013. "营改增" 背景下完善地方税体系的探讨 . 财政研究，6：35 - 37.

寇明风 . 2014. "营改增" 对地方财政经济发展影响分析 . 地方财政研究，7：48 - 52.

李成，张玉霞 . 2015. 中国 "营改增" 改革的政策效应：基于双重差分模型的检验 . 财政研究，2：44 - 49.

李定，吴朝阳 . 2018. 中国特色社会主义政治经济学理论体系的构建方法 . 经济问题，11：19 - 25.

李嘉明，彭瑾，刘溢，张金若 . 2015. 中国营业税改征增值税试点政策实施效果研究 . 重庆大学学报（社会科学版），21 (2)：24 - 31.

李梦娟 . 2013. "营改增" 试点行业税负变动的制约因素探析 . 税务研究，1：47 - 50.

刘子亚 . 2015. 由资本市场反应看电信业 "营改增" 对三大运营商税负的影响 . 税务与经济，4：97 - 102.

罗绪富 . 2015. 金融业 "营改增" 征收模式及税率选择 . 税务研究，5：114 - 115.

马蔡琛，李思沛 . 2013. "营改增" 背景下的分税制财政体制变革 . 税务研究，7：16 - 21.

潘明星 . 2013. 营业税改征增值税：效应分析与改革建议 . 财政研究，12：64 - 67.

潘文轩 . 2012. 税制 "营改增" 改革试点的进展、问题及前瞻 . 现代经济探讨，12：32 - 35.

潘文轩 . 2013. "营改增" 试点中部分企业税负 "不减反增" 现象分析 . 财贸研究，24 (1)：95 - 100.

平新乔，黄昕，安然 . 2017. "营改增" 前中国服务业与制造业之间全要素生产率的异质性和税负差异 . 经济社会体制比较，2：77 - 84.

孙正 . 2017. 流转税改革促进了产业结构演进升级吗？——基于 "营改增" 视角的 PVAR 模型分析 . 财经研究，43 (2)：70 - 84.

孙正，陈旭东 . 2018. "营改增" 是否提升了服务业资本配置效率？. 中国软科学，11：17 - 30.

唐明，熊蓓珍 . 2017. 全面 "营改增" 后增值税收入划分的政策效应及优化策略 . 财贸研究，28 (10)：63 - 74.

田志伟，胡怡建 . 2013. "营改增" 对各行业税负影响的动态分析——基于 CGE 模型的分析 . 财经论丛，4：29 - 34.

王甲国 . 2016. 建筑业应对 "营改增" 之策略 . 税务研究，1：99 - 102.

王雄元，高曦 . 2017. 客户盈余公告对供应商具有传染效应吗？. 中南财经政法大学学报，3：3 - 13.

王玉兰，李雅坤 . 2014. "营改增" 对交通运输业税负及盈利水平影响研究——以沪市上市公司为例 . 财政研究，5：41 - 45.

禹奎，陈小芳 . 2014. 我国建筑业 "营改增" 的税率选择与征管 . 税务研究，12：31 - 35.

袁从帅，刘晔，王治华，刘睿智 . 2015. "营改增" 对企业投资、研发及劳动雇佣的影响——基于中国上市公司双重差分模型的分析. 中国经济问题, 4: 3 - 13.

张学勇, 荆琦. 2014. 铁路运输业、邮政服务业和电信业在 "营改增" 后的税负预测. 税务研究, 8:
　　25 - 27.

赵连伟. 2015. 营改增的企业成长效应研究. 中央财经大学学报, 7: 20 - 27.

曾庆生, 陈信元. 2006. 国家控股、超额雇员与劳动力成本. 经济研究, 5: 74 - 86.

曾亚敏, 张俊生. 2005. 股利所得税削减对权益资产价格的影响——以财税〔2005〕102 为背景的事
　　件研究. 经济科学, 6: 84 - 94.

中国财政科学研究院. 2017 - 10 - 13. 营改增: 守正出奇的一项改革. 经济日报, 15.

周振华. 2013. 营业税改增值税研究. 上海: 格致出版社.

朱青. 2014. 完善我国地方税体系的构想. 财贸经济, 5: 5 - 13.

Aktas, N., E. De Bodt, & J. G. Cousin. 2009. Idiosyncratic volatility change and event study
　　tests. *Finance*, 30 (2): 31 - 61.

Ayers, B. C., C. B. Cloyd, & J. R. Robinson. 2002. The effect of shareholder - level dividend taxes on
　　stock prices: Evidence from the Revenue Reconciliation Act of 1993. *The Accounting Review*, 77
　　(4): 933 - 947.

Brown, S., S. A. Hillegeist, & K. Lo. 2009. The effect of earnings surprises on information
　　asymmetry. *Journal of Accounting and Economics*, 47 (3): 208 - 225.

Campbell, J. Y., A. W. Lo, A. C. Mackinlay, P. Adamek, & L. M. Viceira. 1997. *The
　　Econometrics of Financial Markets*. Princeton: Princeton University Press, 481 - 482.

The Market Response and Its Trend of Replacing Business Tax with Value-Added Tax: Event Research Based on the Reform Process

Yue Cao, Jia Zhou

Abstract: This paper adopts the case study method to examine the overall and sub-sectors market reaction of the six reform of replacing business tax with value-added tax, which based on the time nodes that the reform is being carried out in different regions and industries step by step. Meanwhile, it analyzes the interaction mechanism to the market reaction of the reform from tax sensitivity, employment scale and fixed asset density. The empirical results show that the capital market has an active responding during the announcement of the reform as a whole. But the market effect varies from different industries: Investors' response to the transportation industry's has undergone a transition from wait-and-see to bullish. The investors of the capital market have a positive responding to the modern service industry's, the postal industry's, the telecommunications industry's, the real estate industry's and the financial industry's. But there are passive reactions to building industry's. The investors take a wait-and-see attitude towards the consumer services industry's. Furthermore, the market reactions are relatively active for companies with high-tax sensitivity and low-employment scale. There is no significant correlation between the market reaction and fixed asset density.

Keywords: Replace Business Tax with Value – Added Tax; Market Reaction; Employment Scale; Tax Sensitivity; Fixed Assets Density

第 19 卷，第 1 辑，2020 年
Vol. 19, No. 1, 2020

会 计 论 坛
Accounting Forum

"按下葫芦浮起瓢"*

——基于应计与真实盈余管理视角的融券卖空治理效应研究

熊家财　　胡　琛　　郭雪静

【摘　要】本文以中国融资融券试点与扩容作为卖空限制减少的外生事件，使用渐进双重差分模型全面研究融券卖空对企业应计与真实盈余管理行为的影响。研究发现，相比于控制组公司，融券卖空标的公司具有更低的应计盈余管理水平；而且该现象主要存在于高管股权激励水平较低以及分析师追踪人数较少的公司。进一步分析发现，融券卖空标的公司进行了更多的真实盈余操纵，表明企业在应计盈余管理受限之后，转而选择更为隐蔽的真实盈余管理行为。本文研究结论有助于进一步认识融券卖空交易的治理作用，为完善融资融券交易的治理职能提供了理论支持和经验证据。

【关键词】融资融券；融券卖空；应计盈余管理；真实盈余管理；渐进双重差分

一、引言

会计盈余作为衡量企业经营业绩的重要指标，一直以来受到政府部门、管理者、

收稿日期：2019 - 06 - 15
基金项目：国家自然科学基金项目（71562015）；江西省教育厅科技项目（GJJ170353）
作者简介：熊家财，男，江西财经大学会计学院副教授，xiongjc - p@163.com；胡琛，男，中南财经政法大学会计学院博士研究生；郭雪静，女，江西财经大学会计学院硕士研究生。
* 作者感谢审稿人对本文的宝贵意见，但文责自负。

投资者、债权人以及学术界高度关注。中国资本市场发展较晚，政府对市场干预较多、国有企业主导的所有权结构、滞后的法治、外部独立审计的缺乏导致中国上市公司信息披露水平较低、企业不透明、财务造假频发（Piotroski et al.，2015）。在此背景下，提高信息披露质量、提升企业透明度已经成为提升资本市场资源配置效率、促进实体经济健康发展的关键所在。

2010年3月31日，上海证券交易所与深圳证券交易所分别向市场推出了融资融券业务，这标志着经过多年精心准备的卖空交易机制正式进入市场交易阶段。Massa等（2015）以及Fang等（2016）发现卖空机制可以很好地制约管理层的盈余管理动机和行为。陈晖丽和刘峰（2014）、顾琪和陆蓉（2016）使用中国融资融券试点进行检验，发现相比于控制组公司，融资融券标的公司的应计盈余管理水平显著下降。然而，随着投资者保护水平的不断提高以及会计监督力度的不断加大，利用应计项目进行盈余管理的空间越来越小，上市公司越来越多地使用真实交易手段进行盈余管理。鉴于两种盈余管理方式之间可能存在替代关系，单独研究某一种盈余管理方式可能导致结果有偏且不全面，因此，将两种盈余管理方式结合起来研究，有助于更加全面地理解盈余管理全貌（Cohen et al.，2008；袁知柱和吴粒，2015）。

与陈晖丽和刘峰（2014）不同的是，本文从更长的时间窗口角度，以中国资本市场独特的融资融券试点与扩容作为卖空约束减少的外生事件构造自然实验，通过渐进双重差分模型对2007～2017年A股非金融类上市公司进行实证分析，全面考察融券卖空机制对企业应计与真实盈余管理的影响。研究发现，相比于控制组公司，融资融券标的公司具有更少的应计盈余管理，且这种抑制作用在高管股权激励水平较低及分析师追踪人数较少的公司更为显著，表明融券卖空机制与其他公司治理机制呈现替代关系；进一步研究发现，与应计盈余管理相反，融资融券标的公司的真实盈余活动显著增多，表明企业在应计盈余管理受限之后，转而选择更加隐蔽的真实业务方式操纵盈余。

二、理论分析与研究假设

盈余管理是指"管理层为了误导那些以企业经营业绩为基础的利益关系人决策，从而运用职业判断编制财务报告，通过构造交易事项以改变财务报告，隐瞒企业实际业绩"（Healy and Wahlen，1999）。相关文献发现，企业会出于反垄断调查、行业监管等政治动机（Jones，1991；Piotroski et al.，2015），IPO、增发等资本市场动机（Cohen et al.，2008；Dechow et al.，2010），以及薪酬、债务合同等契约动机（Dechow et al.，2010；苏冬蔚和林大庞，2010）使用会计政策调整盈余。由此可知，公司或高管通过盈余管理阻碍信息在利益相关者之间的有效沟通，造成信息不对称，从而误导利益关系人并攫取私有收益。

2010 年引入中国市场的融券卖空机制为投资者提供了利用负面信息交易获利的机会，这种机制通过卖空的事前威胁和事后惩罚这种治理效应约束管理层行为。首先，融券卖空交易者有动机且有能力去发掘目标公司的不当行为或负面信息，并利用该目标公司进行套利，从而对目标公司的盈余操纵行为形成事前威胁。鉴于融券卖空交易具有高担保率、融券证券随时归还以及无限损失等特点，融券卖空操作成本远高于一般投资，因此融券卖空交易者有动机去发掘目标公司的不当行为或负面信息（Massa et al.，2015）。同时，现有文献也表明融券卖空交易者有能力发现目标公司的不当行为，表现为融券卖空交易者通过公司应计水平高低识别目标公司（Hirshleifer et al.，2011），并对其进行活跃的融券卖空交易（顾琪和陆蓉，2016），从而抑制企业的盈余管理动机并显著降低其盈余管理程度。

其次，一旦融券卖空交易者实施卖空交易，就会给目标企业带来巨大冲击，并将严厉惩罚管理层的机会主义行为。潜在融券卖空交易可能会带来负面信息的大范围传播和股价下跌压力，从而影响中小股东及债权人对企业风险的判断并提升资本成本（顾乃康和周艳利，2017）。负面消息的传播和股价下跌也将大幅降低经理人基于股价的业绩型薪酬、影响其声誉甚至危及其职业生涯发展（De Angelis et al.，2017）。此外，在融券卖空交易中，被做空企业的股价会下行，融券卖空的杠杆交易特征将进一步放大投资者"用脚投票"效应，使得其股价更大幅度下跌，从而对管理层的不当行为给予严重惩罚。由此可知，在公司成为卖空标的后，公司从事应计盈余管理等机会主义行为的风险和成本显著提升，融券卖空威胁的存在会约束经理的机会主义行为。基于此，本文提出假设：

H1：相比于控制组，成为融资融券标的后，融券卖空公司的应计盈余管理水平更低。

现有文献表明，高管股权激励能够在委托人与代理人之间形成一种利益共享、风险共担的激励约束机制，使得双方利益趋于一致，进而抑制代理人的机会主义行为并缓解代理冲突（苏冬蔚和林大庞，2010；田轩和孟清扬，2018）。在中国市场实践中，《上市公司股权激励管理办法》规定，股票期权的行权价格不得低于股票票面金额，且原则上不能低于下列价格较高者：（1）股权激励计划草案公布前 1 个交易日的公司股票均价；（2）激励草案公布前 20 个、60 个或 120 个交易日的公司股票交易均价之一。由此可知，相比于业绩奖金等其他薪酬机制，股权激励是一种长期激励机制。大量文献也进一步证实股权激励具有缓解代理冲突的内部治理效应，如 Almazan 等（2005）发现 CEO 薪酬业绩敏感性越大，股东对经营者的监督成本就越小；周晓苏等（2016）

发现股权激励有助于提高会计利润的信息含量，进而抑制管理层应计盈余操纵行为；田轩和孟清扬（2018）发现股权激励计划能够显著提升企业的创新投入与创新产出。因此，在股权激励较少的企业，股权激励的治理效用有限，而融券卖空机制则更能"施展"身手并抑制企业的盈余管理等机会主义行为。基于此，本文提出假设：

H2：在高管股权激励水平较低的公司中，融资融券机制具有抑制应计盈余管理的作用。

证券分析师通过搜集、研究和传递上市公司信息，有助于降低信息不对称程度并抑制盈余管理。首先，分析师不断挖掘、搜集、整理公司的公有信息和私有信息，向市场传递这些信息，从而缓解了投资者与管理层之间的信息不对称问题，进而压缩了管理层实施盈余管理的空间。其次，作为资本市场的专业人士，分析师的知识背景和行业经验，能够帮助他们敏锐地识别管理层的机会主义行为（朱红军等，2007）。最后，一旦分析师因为发布严重不符实际的研究报告或出现其他不当行为而被公开批评或谴责，其声誉损失巨大，甚或存在被淘汰的可能性（张宗新和杨万成，2016）。因此，证券分析师出于长期利益的考虑，有动力克服短视行为、努力搜集信息并发布反映企业真实状况的研究报告。李春涛等（2014）发现分析师能够显著降低企业的应计盈余管理规模。因此，本文预期分析师追踪作为一种有效的外部治理机制能够发挥积极的治理作用并抑制管理层盈余管理行为。基于此，本文提出假设：

H3：在分析师追踪人数较少的公司中，融资融券机制具有抑制应计盈余管理的作用。

三、研究设计

（一）样本选择与数据来源

本文以 2007 年作为起点，选取 2007 ~ 2017 年 A 股非金融类上市公司作为样本。对于样本公司和数据，本文进一步删除金融行业与 ST 公司、剔除 2007 年以后上市以及曾经被调出融资融券名单的公司，同时剔除资产负债率大于 1 或小于 0 的异常值。为降低异常值的影响，本文对所有连续变量进行了 1% 水平的缩尾处理。本文各批次融券标的名单数据来自 Wind 数据库，其他数据均来自国泰安 CSMAR 数据库。

（二）模型设定

鉴于中国融资融券制度采用"试点先行、逐步扩容"的模式，因此，本文参考

Beck 等（2010）构建渐进双重差分模型检验 H1 至 H3：

$$AbsDA_{i,t} = \alpha + \beta DID_{i,t} + \gamma Controls_{i,t} + \sum Firm + \sum Year + \sum Industry + e_{i,t} \tag{1}$$

其中，$AbsDA$ 为应计盈余管理的绝对值，DID 交乘项等于 $Treat_i \times After_t$，$Treat_i$ 为公司是否进入融资融券标的名单的虚拟变量，如果在样本期间公司成为融资融券标的，那么 $Treat_i$ 取值为 1，否则取 0；$After_t$ 为公司纳入融资融券标的名单的时间虚拟变量，在公司成为融资融券标的当年及之后年份，$After_t$ 取值为 1，否则取 0；因此，在公司成为融资融券标的当年及之后年份，DID 交乘项取值为 1，其他情况取值为 0。渐进双重差分模型中，融资融券虚拟变量 $Treat_i$ 和时间虚拟变量 $After_t$ 分别为一组公司固定效应 $\sum Firm$ 和年度虚拟变量 $\sum Year$ 所反映。$Controls$ 为一组控制变量。本文使用 OLS 估计方程（1），为了避免 t 统计量被高估，使用公司层面群聚（Cluster）调整的稳健标准误。

（三）变量定义

（1）应计盈余管理。本文使用可操纵应计利润 $DA(k)$ 绝对值衡量应计盈余管理，并通过两种方法估计 $DA(k)$：横截面 Jones（1991）模型和 Dechow（1995）修正横截面 Jones 模型。

（2）真实盈余管理。从经营活动现金流、可操控性费用、生产成本三个方面参考现有模型（Roychowdhury，2006）进行分行业分年度回归，再分别计算出相应残差 REM_CFO、REM_DISEXP 和 REM_PROD；然后参考 Cohen 等（2008）、袁知柱和吴粒（2015），定义真实盈余管理 $REM = REM\_PROD - REM\_CFO - REM\_DISEXP$。该数值越大，表明公司利用真实盈余管理向上操控业绩的程度越高。

（3）融券卖空。参考 Beck 等（2010）的方法，设置虚拟变量 DID 以度量融券卖空事件，在公司成为融券标的当年以及以后年份 DID 取值 1，否则取值 0。

（4）调节变量。本文使用追踪公司的分数师人数和高管持股占总股本之比衡量分析师追踪人数和高管股权激励。

（5）控制变量。根据 Massa 等（2015），本文还控制了其他变量，具体如表 1 所示。

表 1　变量定义

变量	变量名称	符号	变量说明
被解释变量	应计盈余管理	$AbsDA1$	根据 Jones(1991)模型计算而得
	应计盈余管理	$AbsDA2$	根据 Dechow(1995)模型计算而得
	真实盈余管理	REM	根据 Roychowdhury(2006)模型计算而得
解释变量	融券卖空	DID	虚拟变量，允许卖空当年及以后年份取值为1,否则为0
调节变量	分析师追踪人数	$Analyst$	追踪公司的分析师总人数
	高管股权激励	$Mratio$	高管持股数量/总股本

续表

变量	变量名称	符号	变量说明
控制变量	公司规模	Size	期末总资产的自然对数
	资产负债率	Lev	总负债/总资产
	上市年龄	Age	ln（上市年数＋1）
	总资产报酬率	ROA	净利润/平均总资产余额
	股权集中度	Top1	第一大股东持股比例
	内部控制环境	IC	迪博公司提供的上市公司内部控制指数
	是否四大	Big4	若公司审计事务所为四大事务所则取值1，否则取值0
	二职合一	Duality	虚拟变量，董事长兼任总经理取值1，否则取值0
	独董比例	Indep	独立董事人数/董事会总人数

四、实证结果

（一）描述性统计

表2报告了本文主要变量的描述性统计结果。其中，$AbsDA1$ 和 $AbsDA2$ 均值分别为 0.0596 和 0.0607，这与顾琪和陆蓉（2016）保持一致。苏冬蔚和林大庞（2010）使用 2005～2008 年中国上市公司数据所计算的 $AbsDA1$ 和 $AbsDA2$ 均值分别为 0.119 与 0.124，这表明实行融资融券卖空制度以来，中国上市公司的应计盈余管理水平大幅下降；超过 19.3% 的公司年度观测为融资融券卖空标的公司，说明中国融券交易已经初具规模。

表2　主要变量描述性统计

变量	样本（个）	均值	标准差	最小值	中位数	最大值
AbsDA1	21291	0.0596	0.0613	0.0008	0.0406	0.328
AbsDA2	21257	0.0607	0.0623	0.0007	0.0413	0.333
REM	21077	－0.0967	0.404	－1.276	－0.0489	1.379
DID	21957	0.193	0.395	0	0	1
Analyst	21957	7.807	11.03	0	3	56
Mratio	21938	4.885	11.80	0	0.005	57.62
Size	21957	12.79	1.278	10.04	12.64	16.49
Lev	21957	0.449	0.209	0.0548	0.447	0.902
Age	21948	2.168	0.716	0.693	2.303	3.178

续表

变量	样本（个）	均值	标准差	最小值	中位数	最大值
ROA	21955	0.0432	0.056	− 0.175	0.038	0.218
*Top*1	21956	0.354	0.151	0.088	0.334	0.750
IC	21942	650.2	136.3	0	675.6	909.1
*Big*4	21955	0.0598	0.237	0	0	1
Duality	20463	0.232	0.422	0	0	1
Indep	21951	0.369	0.052	0	0.333	0.556

（二）融券卖空交易与应计盈余管理

表 3 提供了渐近双重差分模型（1）的估计结果。栏（1）、栏（2）未加入其他公司层面控制变量，栏（3）、栏（4）进一步控制公司层面影响因素。

表 3　融券卖空交易与应计盈余管理

变量	（1） AbsDA1	（2） AbsDA2	（3） AbsDA1	（4） AbsDA2
DID	− 0.008 *** （− 4.252）	− 0.008 *** （− 4.216）	− 0.008 *** （− 4.091）	− 0.008 *** （− 4.117）
Size			0.000 （0.157）	0.000 （0.287）
Lev			0.056 *** （8.745）	0.057 *** （8.764）
Age			− 0.005 * （− 1.874）	− 0.006 ** （− 2.120）
ROA			0.157 *** （8.448）	0.165 *** （8.694）
*Top*1			0.008 （0.745）	0.007 （0.678）
IC			− 0.000 *** （− 3.161）	− 0.000 *** （− 2.999）
*Big*4			0.007 （1.289）	0.007 （1.288）
Duality			− 0.002 （− 1.204）	− 0.002 （− 1.181）
Indep			− 0.000 （− 0.000）	0.001 （0.058）
观测值（个）	21291	21257	19822	19796
调整 R^2	0.0139	0.0136	0.0528	0.0544

注：所有模型均包含常数、公司、行业和年度虚拟变量；括号内数值为公司层面 Cluster 调整的稳健标准误；***、** 和 * 分别表示双尾 t 检验在 1%、5% 和 10% 的水平上统计显著，下文同。

由表 3 结果可知，*DID* 的系数在 1% 的水平上显著为负，表明相对于控制组公司，融券卖空标的公司的应计盈余管理水平大幅下降，假设 H1 得到支持。上述结果的经济意义也非常显著，相对于控制组公司，公司进入融券标的名单后应计盈余管理水平下降了 0.008，考虑 *AbsDA*1 和 *AbsDA*2 的均值分别为 0.0596 和 0.0607，表明融券卖空使得公司的应计盈余管理水平分别下降了 13.4% 和 13.2%。

关于控制变量，*Lev* 的系数估计值在 1% 的水平上显著为正，说明资产负债率更高的公司具有更多的应计盈余管理，这与陈晖丽和刘峰（2014）的结论一致。*ROA* 的系数均在 1% 的水平上显著为正，表明公司业绩与应计盈余管理显著相关，这与 Kothari 等（2005）的研究结论一致。*Age* 的系数显著为负，表明成熟型公司应计盈余管理较少，原因可能是成长期上市公司具有更加迫切的融资需求，管理层更有动机操纵应计盈余以达到外部投资者的预期（周晓苏等，2016）。*IC* 的系数估计值在 1% 的水平上显著为负，表明内部控制有助于抑制公司的应计盈余管理行为。

（三）公司治理、融券卖空交易与应计盈余管理

表 4 中 Panel A 和 B 分别展示了高管股权激励对融券卖空交易与应计盈余管理关系的影响，以及分析师追踪对融券卖空交易与应计盈余管理关系的影响。由 Panel A 的结果可知，在高管股权激励水平较低的公司，*DID* 的系数估计值均在 5% 的水平上显著为负，表明融券卖空有助于抑制公司的应计盈余管理行为，假设 H2 得到支持。然而，在高管股权激励水平较高的公司，并未发现显著的抑制作用。由 Panel B 的结果可知，当追踪公司的分析师人数较少时，融券卖空交易能发挥作用并抑制经理人的机会主义行为，假设 H3 得到支持。

表 4　高管股权激励和分析师追踪、融券卖空交易与应计盈余管理

Panel A:高管股权激励对融券卖空交易与应计盈余管理关系的影响

变量	*AbsDA*1		*AbsDA*2	
	（1）高激励	（2）低激励	（3）高激励	（4）低激励
DID	− 0.004 （− 1.517）	− 0.006 ** （− 2.214）	− 0.005 （− 1.547）	− 0.006 ** （− 2.090）
控制变量	控制	控制	控制	控制
观测值（个）	9854	9969	9850	9947
调整 R^2	0.0396	0.0589	0.0411	0.0611

Panel B:分析师追踪对融券卖空交易与应计盈余管理关系的影响

变量	*AbsDA*1		*AbsDA*2	
	（1）分析师多	（2）分析师少	（3）分析师多	（4）分析师少
DID	− 0.004 （− 1.516）	− 0.006 ** （− 2.265）	− 0.005 （− 1.550）	− 0.006 ** （− 2.139）

Panel B:分析师追踪对融券卖空交易与应计盈余管理关系的影响

变量	AbsDA1		AbsDA2	
	（1）分析师多	（2）分析师少	（3）分析师多	（4）分析师少
控制变量	控制	控制	控制	控制
观测值（个）	9854	9968	9850	9946
调整 R^2	0.0396	0.0609	0.0411	0.0627

五、融券卖空交易与真实盈余管理

应计盈余管理是通过调整会计政策和会计估计对盈余进行操作。相反，真实盈余管理则是构造真实的经济活动，不仅会改变企业现金流量情况，还会损害企业长期价值。随着法律体系的不断健全，监管措施日益完备，从事应计盈余操纵的风险和成本逐渐增大。如袁知柱和吴粒（2015）研究发现，随着会计信息可比性的提高，应计盈余管理水平显著下降，真实盈余管理水平大幅上升。基于上述分析，本文进一步具体分析融券卖空交易对销售操控、生产操控及酌量性费用操控的影响，结果如表 5 所示。

表 5　融券卖空交易与真实盈余管理

变量	（1）	（2）	（3）	（4）
	REM	REM_CFO	REM_PROD	REM_DISEXP
DID	0.043 ***	− 0.010 ***	0.008 **	− 0.038 ***
	(4.619)	(− 2.679)	(2.148)	(− 9.713)
控制变量	控制	控制	控制	控制
观测值(个)	19631	20445	20127	19862
调整 R^2	0.438	0.474	0.142	0.666

由表 5 可知，REM 对应的融券卖空交易 DID 系数在 1% 的水平上显著为正，说明真实盈余管理程度大幅上升。使用 REM_ CFO、REM_ DISEXP 作为被解释变量时，DID 的系数在 1% 的水平上显著为负，同时，使用 REM_ PROD 时，DID 的系数显著为正，表明管理层会通过折扣销售、加速生产、削减研发支出等方式做大利润。结合表 3 中的结果可知，融券卖空交易增大了应计盈余管理活动的风险和成本，进而导致企业转向更为隐蔽的真实盈余管理活动。

六、稳健性检验

应用双重差分模型的前提是处理组和控制组满足平行趋势假设，参考 Beck 等（2010）做法，本文构建动态方程（Dynamic Equation）检验平行趋势假设。未报告的结果表明本文数据满足平行趋势假设。

本文还使用 Kothari 等（2005）发展的业绩匹配 Jones 模型（*AbsDA*3）以及 Dechow 和 Dichev（2002）的现金流操控模型计算应计盈余管理绝对值（*AbsDA*4）并进行稳健分析，结果与表 3 保持一致。

成为融资融券标的之前处理组与控制组公司之间可能存在一定差异，本文使用 *Size*、*Lev*、*ROA*、*Age*、*Growth* 以及行业、年度虚拟变量作为匹配变量估计倾向得分，并为每个处理组公司匹配 2 个倾向得分相近的控制组公司；最后，使用两类公司前后三年的数据进行再分析。得到结果如表 6 所示，进一步验证了前文结论。

表 6 稳健性检验：PSM - DID

变量	（1） *AbsDA*1	（2） *AbsDA*2	（3） *REM*
$Treat_i \times After_t$	-0.005 ** （-2.116）	-0.005 ** （-2.027）	0.031 ** （2.239）
Treat	0.003 （1.248）	0.003 （1.250）	-0.030 * （-1.926）
Post	0.002 （0.857）	0.002 （0.753）	-0.008 （-0.481）
其他控制变量	控制	控制	控制
观测值（个）	9095	9085	8967
调整 R^2	0.108	0.109	0.466

七、结论

本文利用中国 2010 年 3 月开始的融资融券交易作为外生冲击，构造渐进双重差分模型进行研究并发现：（1）融券卖空交易能够有效抑制管理层的应计盈余操纵行为；（2）融券卖空交易对管理层应计盈余操纵行为的抑制作用在高管股权激励水平较低及分析师追踪人数较少的公司更为显著，表明融券卖空与其他内外部公司治理机制之间呈现替代关系；（3）鉴于融券卖空交易提高了应计盈余管理的风险与成本，在公司成为融券标的之后管理层更多地使用更为隐蔽的真实盈余管理。

由此可知，尽管融券卖空交易能够显著抑制企业的应计盈余管理行为，但令人担忧的是，它对真实盈余操纵行为反倒起刺激作用，管理层转向更为隐蔽且对企业损害更大的真实盈余管理活动。因此，对于融券卖空交易的治理效应，我们需要客观评价。同时，政府及监管当局应进一步加大对真实盈余操纵行为的监管力度，严格规范企业经营管理活动，保护投资者利益。

参考文献

陈晖丽，刘峰.2014.融资融券的治理效应研究——基于公司盈余管理的视角.会计研究，9：45 – 52.

顾乃康，周艳利.2017.卖空的事前威慑、公司治理与企业融资行为——基于融资融券制度的准自然实验检验.管理世界，2：120 – 134.

顾琪，陆蓉.2016.金融市场的"劣汰"机制——基于卖空机制与盈余管理的研究.财贸经济，5：60 – 75.

李春涛，宋敏，张璇.2014.分析师跟踪与企业盈余管理——来自中国上市公司的证据.金融研究，7：124 – 139.

苏冬蔚，林大庞.2010.股权激励、盈余管理与公司治理.经济研究，11：88 – 100.

田轩，孟清扬.2018.股权激励计划能促进企业创新吗.南开管理评论，3：176 – 190.

袁知柱，吴粒.2015.会计信息可比性与企业应计及真实盈余管理行为选择.中国会计评论，13（4）：453 – 486.

张宗新，杨万成.2016.声誉模式抑或信息模式：中国证券分析师如何影响市场？.经济研究，9：104 – 117.

周晓苏，陈沉，王磊.2016.高管薪酬激励与机会主义效应的盈余管理——基于会计稳健性视角的经验证据.山西财经大学学报，38（2）：88 – 99.

朱红军，何贤杰，陶林.2007.中国的证券分析师能够提高资本市场的效率吗——基于股价同步性和股价信息含量的经验证据.金融研究，2：110 – 121.

Almazan, A. , J. C. Hartzell, & L. T. Starks. 2005. Active institutional shareholders and costs of monitoring：Evidence from executive compensation. *Financial Management*, 34（4）：5 – 34.

Beck, T. , R. Levine, & A. Levkov. 2010. Big bad banks? The winners and losers from bank deregulation in the United States. *Journal of Finance*, 65（5）：1637 – 1667.

Cohen, D. A. , A. Dey, & T. Z. Lys. 2008. Real and accrual – based earnings management in the pre – and post – Sarbanes – Oxley periods. *The Accounting Review*, 83（3）：757 – 787.

De Angelis, D. , G. Grullon, & S. Michenaud. 2017. The effects of short – selling threats on incentive contracts：Evidence from an experiment. *Review of Financial Studies*, 30（5）：1627 – 1659.

Dechow, P. 1995. Detecting earnings management. *Accounting Review*, 70（2）：193 – 225.

Dechow, P. M., & I. D. Dichev. 2002. The quality of accruals and earnings: The role of accrual estimation errors. *The Accounting Review*, 77 (s1): 35 – 59.

Dechow, P., W. Ge, & C. Schrand. 2010. Understanding earnings quality: A review of the proxies, their determinants and their consequences. *Journal of Accounting and Economics*, 50 (2 – 3): 344 – 401.

Fang, V., A. Huang, & J. M. Karpoff. 2016. Short selling and earnings management: A controlled experiment. *Journal of Finance*, 71 (3): 1251 – 1294.

Healy, P. M., & J. M. Wahlen. 1999. A review of the earning management literature and its' implications for standard setting. *Accounting Horizons*, 33 (4): 365 – 383.

Hirshleifer, D., S. H. Teoh, & J. Y. Jeff. 2011. Short arbitrage, return asymmetry, and the accrual anomaly. *Review of Financial Studies*, 24 (7): 2429 – 2461.

Jones, J. J. 1991. Earnings management during import relief investigations. *Journal of Accounting Research*, 29 (2): 193 – 228.

Kothari, S. P., A. J. Leone, & C. E. Wasley. 2005. Performance matched discretionary accrual measures. *Journal of Accounting and Economics*, 39 (1): 163 – 197.

Massa, M., B. Zhang, & H. Zhang. 2015. The invisible hand of short selling: Does short selling discipline earnings management?. *Review of Financial Studies*, 28 (6): 1701 – 1736.

Piotroski, J. D., T. Wong, & T. Zhang. 2015. Political incentives to suppress negative information: Evidence from Chinese listed firms. *Journal of Accounting Research*, 3 (2): 405 – 459.

Roychowdhury, S. 2006. Earnings management through real activities manipulation. *Journal of Accounting and Economics*, 42 (3): 335 – 370.

Short Selling and the Use of Accrual and Real Earnings Management

Jiacai Xiong, Chen Hu, Xuejing Guo

Abstract: This paper examine the impact of short selling on corporate accrual and real earnings management using a generalized Difference – in – Difference model. The results show that compared with control group firms, margin trading firms have lower accrued earnings management levels, especially among firms with low managerial stock incentives and fewer analysts following. We further find that, contrary to accrual earnings management, there are more real earnings management in short selling firms, indicating that those firms react to the limited accrual earnings management by switching to a more subtle real earnings management. The conclusions of this paper are helpful to comprehensively understand and evaluate the governance effect of margin trading, and provide theoretical support or empirical evidence for improving the governance effect of margin trading.

Keywords：Margin Trading；Short Selling；Accrual Earnings Management；Real Earnings Management；Generalized Difference – in – Difference

第 19 卷，第 1 辑，2020 年
Vol. 19 , No. 1 , 2020

会 计 论 坛
Accounting Forum

媒体负面报道与扭亏绩效：
信息传递还是监督治理？*

陈建英　张　欢　王定祥

【摘　要】本文以 2003～2012 年发生亏损的 A 股上市企业作为研究样本，考察了媒体负面报道在企业亏损递转中发挥的作用以及对不同企业作用的差异性。研究发现，媒体负面报道主要发挥了监督治理效应，从而改善了企业的扭亏绩效；并且该效应在实亏企业和非国有企业中表现得更加显著，而且采用倾向得分匹配法、企业层面的聚类调整、替代变量以及剔除资不抵债样本等稳健性测试后，结论仍然保持稳健。进一步分析表明，媒体负面报道降低了亏损企业的双重代理成本，提高了亏损企业的投资效率。该研究将媒体负面报道的效应研究拓展到了扭亏绩效领域，丰富了媒体治理领域的文献。

【关键词】媒体负面报道；扭亏绩效；监督治理

收稿日期：2019 – 11 – 12
基金项目：重庆市社会科学规划项目（2018PY61）；中央高校基本科研业务费专项资金一般项目（XDJK2019C006）；西南大学人文社会科学校级研究项目重大培育项目（SWU1909031）
作者简介：陈建英，女，西南大学经济管理学院博士研究生；张欢，男，厦门大学管理学院博士研究生；王定祥（通讯作者），男，西南大学经济管理学院教授、博士研究生导师，wdx6188@126.com。
＊ 作者感谢审稿人对本文的宝贵意见，但文责自负。

一、引言

伴随着网络等新媒体的出现与传统媒体的发展，媒体迸发出了一股新的活力，不可否认，在信息时代，媒体在社会和经济生活中均扮演了十分重要的角色。媒体出于营利性考虑会倾向于报道亏损企业负面新闻来提高点击率，亏损企业对外部环境和评价也更为敏感，因此媒体与亏损企业的关系相较于盈利企业可能更为密切。鉴于此，本文将研究对象锁定在亏损企业。对于亏损企业而言，亏损并不一定就会使企业价值降低，而是要视发生亏损的具体原因而定。有些亏损是属于命令性和行政性的，有些是研发过程中产生的支出和费用所致，对于因非经营性损失导致亏损的企业，投资者有理由相信它在不久的将来会扭亏，所以该类企业的价值可能并不因亏损而降低。而对于因生产成本过高、产品质量不过关等原因造成的经营性亏损，很可能会降低企业价值。因此，媒体在对不同类型的亏损企业进行负面报道时关注点可能会不同，而不同类型的亏损企业针对媒体的负面报道所表现出的扭亏绩效也可能存在差异，这正是本文研究的切入点。

基于以上分析，本文试图解决两个问题：第一，媒体负面报道是否会影响企业的扭亏程度；第二，对于不同性质的亏损企业，媒体负面报道对其扭亏程度的影响有何不同。研究发现，媒体负面报道对企业扭亏主要发挥了监督治理效应，从而改善了亏损企业的扭亏绩效；考虑亏损异质性后发现，媒体负面报道对企业扭亏的监督治理效应主要体现在实亏企业中；考虑产权性质后发现，媒体负面报道对企业扭亏的监督治理效应主要体现在非国有企业中。此外，本文的拓展性分析还发现，媒体负面报道主要通过降低亏损企业的双重代理成本和提高亏损企业的投资效率两种途径来发挥监督治理效应。

本文的研究贡献在于以下几点。第一，本文的研究从企业亏损信息的视角丰富了关于媒体负面报道的研究文献。之前关于媒体负面报道的文献中提及媒体负面报道通常包括"丑闻""黑幕""内幕""关联交易""违规""不当""操控""造假"等贬义词（郑志刚等，2011），涵盖信息较为杂乱，而且具体哪些信息属于负面报道在学术界并没有统一的认识，这样的研究得出的媒体负面报道对企业行为的影响比较笼统，也没有考虑各种负面信息对企业行为的影响差异。而本文的研究聚焦于媒体对企业亏损信息的报道，研究媒体对亏损这种单一负面信息的报道对企业扭亏的影响，使得研究对象更加明确、研究机理更为清晰。第二，本文的研究相比已有的关于企业亏损问题的研究文献，将新闻传播学理论运用于企业财务学领域，拓展了企业亏损问题的研究视角。第三，本文考虑到企业亏损异质性和产权性质差异，比较分析了媒体负面报道对企业亏损逆转产生的效应在哪类企业中更为明显，并进一步地检验了这种效应是怎样发挥作用的，将亏损问题的研究往横向（考虑亏损之间的差异）和纵向（深入研究负面媒体报道对亏损逆转的影响机理）同时推进，使得此类研究更加深入、丰富。

二、文献回顾

（一）媒体报道治理作用的内容

目前媒体对企业治理作用的研究内容涉及高管薪酬、审计意见、财务重述、会计稳健性、独立董事辞职等诸多方面（李培功和沈艺峰，2010；于忠泊等，2011；罗进辉，2012；林慧婷等，2016）。Dhaliwal 等（2013）认为媒体批评报道在监督上市企业治理方面能够起到更好的作用。媒体报道对企业高管薪酬也会产生积极影响（李培功和沈艺峰，2013）。媒体负面报道会加大企业独立董事辞职概率（李焰和秦义虎，2011）、导致质量较差的事务所被更换（戴亦一等，2013；刘启亮等，2013）、减少控股股东的掏空行为（李明和叶勇，2016）。另外，有学者认为媒体正面报道在企业的资本结构动态调整中发挥着正面影响（林慧婷等，2016）。

（二）媒体报道治理作用机理

随着媒体报道领域的研究文献不断增多，学者们开始陆续关注到媒体报道对企业治理的作用机理。Dyck 等（2008）将媒体发挥企业治理作用的途径总结为两方面：一是媒体报道会导致法律惩罚，二是媒体报道会影响经理人的声誉。在转型经济中，法律制度不完善、声誉机制作用受限，行政治理成为保障投资者利益的替代机制（陈冬华等，2008），行政治理可通过行政机构介入来实现（李培功和沈艺峰，2010）。如醋卫华和李培功（2012）发现在证监会介入调查的企业样本中有高达60.42%的企业受调查是由媒体报道引发的。

三、理论分析与研究假设

（一）媒体负面报道与企业扭亏绩效

媒体监督被认为是新兴市场中弥补司法对投资者保护不足的一项重要制度安排。当企业出现亏损时，媒体有可能对其进行大量的负面报道，对企业产生深远影响。

一方面，媒体负面报道可能导致企业决策和计划完成的迟滞，影响企业业绩。首先，媒体负面舆论会对企业管理层造成压力，导致其未来决策偏于保守，可能表现为开拓新市场和研发新产品的放缓。其次，媒体负面报道可能引起强烈的负面市场反应，加剧企业绩效的降低（黄辉，2013）。最后，媒体负面报道可能使企业员工和管理层产生懈怠，从而降低企业目标的完成率，导致其难以扭转亏损。因此，媒体负面报道可能导致企业业绩的恶化，本文将此称为信息传递效应。

另一方面，媒体负面报道会对经理人声誉产生约束机制，迫使其努力改善企业业绩。Dyck 等（2008）研究发现，媒体治理会影响经理人声誉，从而引起经理人对未来薪酬的担心（Fama and Jensen，1983）。在媒体负面报道时，如果没有改善企业亏损状况，经理人能力会被同行质疑，这会影响到其以后的职业发展。同时，媒体负面报道通过影响行政机构介入进而促使企业改进行为。因此，媒体负面报道可能导致的行政监管将有利于规范企业的经营活动，有助于企业扭亏为盈。此时，媒体负面报道可能改善企业绩效，本文将此称为监督治理效应。综合上述两个方面，本文提出如下对立假设：

H1A：媒体负面报道降低了企业扭亏绩效。

H1B：媒体负面报道提升了企业扭亏绩效。

（二）亏损异质性、媒体负面报道与企业扭亏绩效

经营活动现金流量反映了企业通过实际经营活动、运用企业资源创造现金的能力，体现了企业的经营水平。本文根据每股净现金流将企业的亏损分为两类：当每股净现金流为正时称为虚亏，当每股净现金流为负时称为实亏。从长期角度来看，虚亏企业的前景可能具有市场竞争力，因为它可能处在新产品研发或转型阶段。无论是新产品研发还是转型，长期来看企业适应市场的能力更强，扭亏可能性更大。

从媒体负面报道的信息传递效应来看，媒体负面报道对虚亏企业的负面效应要弱于实亏企业，原因如下：（1）虚亏企业基础良好、扭亏为盈能力强，投资者、合作者、政府都对其看好，它受到媒体负面报道的影响相对较小，媒体负面报道的效应相对较弱；（2）实亏企业扭转亏损相对困难，对负面报道敏感性较强，负面报道的传播可能会加大其扭亏的难度。从媒体负面报道的监督治理效应来看，虚亏企业为以后更好地发展打下了基础，自身有发展实力，治理机制较完善。相反，对于实亏企业而言，企业经营不善、投资者等不看好、负面报道导致行政介入可能性高，对企业管理层声誉的影响更高，这会迫使管理层更加努力，扭亏可能性增加。综合两种可能性，本文提出：

H2：与实亏企业相比，媒体负面报道所产生的效应在虚亏企业中相对较弱。

（三）产权性质、媒体负面报道与企业扭亏绩效

媒体负面报道对亏损国有企业和非国有企业产生的作用强度是否一致呢？一方面，

从媒体报道角度看，某种程度上政府给予国有企业额外的"政治权力"（金碚，2010）。媒体在报道国有企业负面新闻时，可能存在忌惮心理，也可能被政治权力影响，其监督相对较弱。从企业角度看，国有企业高管拥有一定行政特权，还具有在职消费优势（陈冬华等，2008），管理层薪酬业绩敏感性较低（李培功和沈艺峰，2013）。另一方面，国有企业规模较大、政府支持便利，在融资等方面具有优势，相反，非国有企业则不具备上述优势，媒体负面报道对其融资的负面影响较大。据此，本文提出：

H3：与非国有企业相比，媒体负面报道所产生的效应在国有企业中相对较弱。

四、研究设计

（一）样本选择与数据来源

因为2003年3月证监会颁布《关于执行〈亏损上市公司暂停上市和终止上市实施办法（修订）〉的补充规定》，本文选择从2003年到2012年发生亏损的A股上市企业作为研究样本。为了避免异常数据的影响，本文剔除了金融保险行业的上市企业；为确保数据的完整性和准确性，本文剔除了亏损逆转数据无法获得和数据异常的样本。经过上述处理之后，本文研究样本包括2003年的86家、2004年的106家、2005年的199家、2006年的121家、2007年的52家、2008年的202家、2009年的141家、2010年的71家、2011年的109家以及2012年的166家，总共1253家企业。其中，财务数据主要来源于锐思金融研究数据库（RESSET），部分数据来自和讯网和金融界网的个股资料，关于样本企业每年的媒体亏损信息报道数据来自《中国重要报纸全文数据库》。

（二）变量定义

被解释变量。本文选取总资产收益率（ROA_{t+1}）来衡量企业扭亏绩效，ROA_{t+1}是指企业下期息税前利润与平均资产总额的比率，用来反映企业利用资产获取利润的能力，可以体现企业所面临的亏损状况。同时，本文还采用下一期ROA_{t+1}与当期ROA_t的差额来表示企业的亏损逆转程度（$CROA_{t+1}$），亏损逆转程度越大，表示企业扭亏绩效越好。

解释变量。（1）媒体负面报道。本文通过搜索各样本企业在中国重要报纸全文数据库中的相关内容来确定企业是否存在负面报道，并设定哑变量，若上市企业在媒体报道期间至少有一篇负面报道则为1，否则为0。具体做法如下：在CNKI报纸栏目中，以企业简称和亏损作为关键词进行检索，选定时间范围为亏损当年年末到亏损下一年年末，整理出亏损下一年各企业的媒体报道次数，并依据内容判断该报道是否为负面报道。（2）亏损异质性。通过每股净现金流划分企业亏损类型，当其为正时称为虚亏，当其为负时称为实亏。若企业为虚亏则为 1；若企业为实亏则为 0。（3）产权性质。企业为国有企业则为 1；企业为非国有企业则为 0。

控制变量。本文还控制了企业规模、企业上市年限、企业价值、财务杠杆、第一大股东持股、审计结果、行政处罚、现金流、股权集中程度、产权性质、亏损异质性、年度和行业等。具体变量的符号和定义如表 1 所示。

表 1　描述性统计

变量名称	变量符号	变量度量方法
扭亏绩效 1	ROA_{t+1}	等于息税前利润/平均资产总额
扭亏绩效 2	$CROA_{t+1}$	等于 ROA_{t+1} 与 ROA_t 的差额
媒体负面报道	Neg_media	若在媒体报道期间有至少一篇负面报道则为 1,否则为 0
企业规模	$Size$	总资产的自然对数
企业上市年限	Age	取企业首次上市至样本当年的年份数的自然对数
企业价值	$Tobin\_Q$	企业的市场价值/资本重置成本
资产负债率	$Debt$	期末负债总额/期末资产总额
第一大股东持股	$Top1$	第一大股东持股股数/总股数
审计意见	$Audit$	审计意见是否为标准无保留意见,是为 1,否则为 0
是否被特殊处理	ST	企业是否被特殊处理,是为 1,不是为 0
经营活动现金流	Cfo	经营活动产生的现金流量净额/总资产
赫芬达尔指数	$Herf10$	取前十大股东股权份额的平方和
产权性质	$State$	企业为国有企业则为 1;企业为非国有企业则为 0
亏损异质性	$Kszt$	企业为虚亏则为 1;企业为实亏则为 0

（三）模型构建

为检验假设 H1A 和 H1B，本文构建以下待检验的回归模型：

$$ROA_{t+1}/CROA_{t+1} = \alpha_0 + \alpha_1 \times Neg\_media_{i,t} + \alpha_2 \times Size_{i,t} + \alpha_3 \times Age_{i,t} + \alpha_4 \times Tobin\_Q_{i,t} + \alpha_5 \times Debt_{i,t}$$
$$+ \alpha_6 \times Top1_{i,t} + \alpha_7 \times Audit_{i,t} + \alpha_8 \times ST_{i,t} + \alpha_9 \times Cfo_{i,t} + \alpha_{10} \times Herf10_{i,t} + \alpha_{11} \times State_{i,t}$$
$$+ \alpha_{12} \times Kszt_{i,t} + \sum \alpha_i \times Industry + \sum \alpha_j \times Year + \varepsilon_{i,t} \qquad (1)$$

其中，若 α_1 显著为负，表明媒体负面报道发挥了信息传递效应，假设 H1A 得到支持；若 α_1 显著为正，表明媒体报道发挥监督治理效应，假设 H1B 得到支持。

五、实证分析

（一）描述性统计分析

表 2 列出了各变量的描述性统计结果。由表 2 可见，样本中有 50.8% 的亏损企业

有媒体负面报道，媒体对亏损企业有较高的关注度。亏损企业下一年总资产收益率均值为负，但是总资产收益率差额均值为正，说明虽然亏损企业总体经营情况不佳，但业绩已在改善。亏损企业中国有企业占比为62.2%，表明亏损的企业中国有企业占比较大。在亏损企业中，35.8%的企业处于虚亏状态，64.2%的企业均处于实亏中，这说明我国大部分企业是经营性亏损，它们出现亏损的原因是自身经营不善。

表2　变量描述性统计

变量	均值	标准差	最小值	p25	p50	p75	最大值
ROA_{t+1}	−0.005	0.176	−0.916	−0.014	0.025	0.045	0.704
$CROA_{t+1}$	0.095	0.238	−0.896	0.021	0.070	0.144	1.631
Neg_media	0.508	0.500	0	0	1	1	1
Size	20.97	1.104	18.16	20.29	20.89	21.65	24.02
Age	9.053	4.033	1	6	9	12	18
Tobin_Q	2.596	2.552	0.872	1.309	1.784	2.725	17.46
Debt	0.759	0.612	0.077	0.507	0.658	0.808	4.465
Top1	0.335	0.147	0.086	0.224	0.298	0.419	0.703
Audit	0.680	0.467	0	0	1	1	1
ST	0.072	0.258	0	0	0	0	1
Cfo	0.005	0.083	−0.326	−0.025	0.012	0.050	0.211
Herf10	0.151	0.111	0.012	0.070	0.120	0.203	0.498
State	0.622	0.485	0	0	1	1	1
Kszt	0.358	0.479	0	0	0	1	1

（二）回归分析

1. 媒体负面报道与企业扭亏绩效

表3列示了媒体负面报道与企业扭亏绩效的分析结果。在列（1）中用ROA_{t+1}衡量企业的扭亏绩效，结果在10%的水平上显著正相关，在列（2）中用$CROA_{t+1}$衡量企业扭亏程度，结果在5%的水平上显著正相关，都证实了假设H1B，即媒体负面报道提升了上市企业的扭亏绩效。该结果说明，媒体负面报道引起的行政介入或形成的声誉压力会使管理层形成很强的扭亏能动性，管理层在以后做出的决策更多的是利于企业绩效改善；综合媒体负面报道的信息传递效应和监督治理效应来看，监督治理效应相较于信息传递效应来说更为占优。

表3　媒体负面报道与扭亏绩效

变量	预测符号	（1）ROA_{t+1}	（2）$CROA_{t+1}$
Neg_media	?	0.0188 * (1.844)	0.0246 ** (1.964)

续表

变量	预测符号	（1）ROA_{t+1}	（2）$CROA_{t+1}$
Size	?	−0.006 （−0.945）	−0.0285 *** （−3.651）
Age	?	−0.0000 （−0.027）	−0.0009 （−0.518）
Tobin_Q	+	0.0028 （0.929）	0.0058 （1.566）
Debt	+	0.0564 *** （5.584）	0.1567 *** （12.643）
Top1	−	−0.1360 （−1.033）	−0.1123 （−0.694）
Audit	+	0.0380 *** （3.199）	−0.0098 （−0.669）
ST	−	−0.0416 ** （−2.179）	−0.0298 （−1.270）
Cfo	+	0.0076 （0.123）	−0.0954 （−1.261）
Herf10	?	0.2222 （1.270）	0.1472 （0.685）
State	+	0.0299 *** （2.674）	0.0342 ** （2.495）
Kszt	+	0.0040 （0.380）	−0.0119 （−0.922）
cons		0.0110 （0.082）	0.5684 *** （3.472）
Year		控制	控制
Industry		控制	控制
Adj − R^2		0.0999	0.2553
N（个）		1253	1253

注：*** 表示 1% 的显著性水平，** 表示 5% 的显著性水平，* 表示 10% 的显著性水平，下文同。

2. 亏损异质性、媒体负面报道与企业扭亏绩效

表 4 报告了考虑亏损异质性的回归分析结果。其中，列（1）、列（4）是加入了亏损异质性后对全样本进行检验的结果，列（2）、列（3）、列（5）、列（6）是基于亏损异质性进行分组检验的结果。结果显示假设 H2 得到支持。

表 4　亏损异质性、媒体负面报道与扭亏绩效

变量	（1）ROA_{t+1} 全样本	（2）ROA_{t+1} Kszt = 0	（3）ROA_{t+1} Kszt = 1	（4）$CROA_{t+1}$ 全样本	（5）$CROA_{t+1}$ Kszt = 0	（6）$CROA_{t+1}$ Kszt = 1
Neg_media	0.0194 * （1.900）	0.0405 *** （2.839）	−0.0068 （−0.499）	0.0251 ** （2.003）	0.0455 *** （2.634）	0.0055 （0.318）

续表

变量	$(1)ROA_{t+1}$	$(2)ROA_{t+1}$	$(3)ROA_{t+1}$	$(4)CROA_{t+1}$	$(5)CROA_{t+1}$	$(6)CROA_{t+1}$
	全样本	$Kszt=0$	$Kszt=1$	全样本	$Kszt=0$	$Kszt=1$
$Kszt \times Neg\_media$	-0.0522^{***} (-2.587)			-0.0453^{*} (-1.824)		
其他变量、年度和行业	控制	控制	控制	控制	控制	控制
$Adj-R^2$	0.1041	0.1226	0.0902	0.2567	0.2708	0.2771
N(个)	1253	805	448	1253	805	448
Difference(p)		0.0473 (0.0162)			0.04 (0.0984)	

3. 产权性质、媒体负面报道与企业扭亏绩效

表5是考虑产权性质的回归分析结果，列（1）、列（4）是加入了产权性质后对全样本进行检验的结果，列（2）、列（3）、列（5）、列（6）是按照产权性质进行分组检验的结果。结果显示假设 H3 得到支持。

表5 产权性质、媒体负面报道与扭亏绩效

变量	$(1)ROA_{t+1}$	$(2)ROA_{t+1}$	$(3)ROA_{t+1}$	$(4)CROA_{t+1}$	$(5)CROA_{t+1}$	$(6)CROA_{t+1}$
	全样本	$State=0$	$State=1$	全样本	$State=0$	$State=1$
Neg_media	0.0186^{*} (1.829)	0.0451^{**} (2.359)	-0.0039 (-0.347)	0.0244^{*} (1.949)	0.0709^{***} (3.028)	-0.0071 (-0.504)
$State \times Neg\_media$	-0.0351^{*} (-1.776)			-0.0454^{*} (-1.867)		
其他变量、年度和行业	控制	控制	控制	控制	控制	控制
$Adj-R^2$	0.1015	0.2047	0.0645	0.2568	0.3361	0.2057
N(个)	1253	474	779	1253	474	779
Difference(p)		0.049 (0.0233)			0.078 (0.0032)	

（三）稳健性检验

1. 倾向得分匹配法

为了更好地排除其他因素对企业扭亏绩效的影响，本文采用倾向得分匹配法进行稳健性检验来解决样本选择偏误的问题。选择与媒体负面报道样本倾向得分最接近样本作为控制组，匹配后各变量标准差的绝对值大部分控制在 5% 以内，平行假设检验显示该方法具有适当性。分析结果如表6所示，结果显示前述 H1B、H2 和 H3 得到支持。

表 6　PSM 配对后的稳健性检验

变量	(1) ROA_{t+1}	(2) $CROA_{t+1}$	(3) ROA_{t+1}	(4) $CROA_{t+1}$	(5) ROA_{t+1}	(6) $CROA_{t+1}$
Neg_media	0.0333 *** (2.685)	0.0475 *** (3.086)	0.0337 *** (2.721)	0.0481 *** (3.130)	0.0352 *** (2.836)	0.0497 *** (3.222)
$State \times Neg\_media$			−0.0465 * (−1.814)	−0.0673 ** (−2.115)		
$Kszt \times Neg\_media$					−0.0547 ** (−2.155)	−0.0620 ** (−1.964)
$State$	0.0284 ** (2.143)	0.0291 * (1.766)	0.0369 *** (2.627)	0.0413 ** (2.372)	0.0275 ** (2.080)	0.0281 * (1.707)
$Kszt$	−0.0015 (−0.121)	−0.0113 (−0.726)	−0.0025 (−0.201)	−0.0128 (−0.820)	0.0077 (0.583)	−0.0009 (−0.053)
其他变量、年度和行业	控制	控制	控制	控制	控制	控制
$Adj - R^2$	0.0960	0.2099	0.0983	0.2130	0.0997	0.2125
N(个)	926	926	926	926	926	926

2. 其他稳健性检验

为了增进上述结论的可靠性，本文还进行了如下的稳健性检验：首先，从数据出发，在企业层面进行聚类（Cluster）调整；其次，从变量出发，用 ROI 替换 ROA。此外，本文剔除资不抵债样本。结论均未发生实质性改变。

六、拓展性分析

罗进辉（2012）的研究表明，媒体负面报道能够降低企业的双重代理成本；亏损企业更容易吸引媒体的负面报道，且负面报道的监督效力高于正面报道（戴亦一等，2013）。那么，负面报道是否能有效降低亏损企业的双重代理成本呢？首先，媒体对亏损企业负面报道更能够引起股东注意，使其了解企业真实经营情况，降低信息不对称；其次，负面报道会迫使管理层减少机会主义行为，降低代理成本。本文用管理费用与营业收入比值（$Manage\_fee$）和营业收入与总资产比值（Tat）来衡量第一类代理问题，用其他应收款与总资产比值（$Occupy$）来衡量第二类代理问题。结果如表 7 中列（1）、列（2）、列（3）所示，Neg_media 的回归系数均显著为负，表明媒体负面报道会降低亏损企业的双重代理成本。

表 7　拓展性分析检验

变量	（1）	（2）	（3）	（4）
	第一类代理问题		第二类代理问题	投资效率
	$Manage\_fee_{t+1}$	Tat_{t+1}	$Occupy_{t+1}$	Abs_inv_{t+1}
Neg_media	− 0.0983 ***	0.0860 ***	− 0.0152 *	− 0.0057 **
	（− 2.807）	（3.075）	（− 1.901）	（− 2.540）
其他变量、年度和行业	控制	控制	控制	控制
Adj – R²	0.1829	0.1420	0.2956	0.0300
N（个）	1247	1248	1253	1109

此外，因为负面报道会造成舆论的压力，平时决策激进的亏损企业为了降低风险尽快扭亏为盈，逐渐趋于保守谨慎的状态，会降低过度投资；同时平时决策保守的亏损企业也会寻找投资机会，缓解其投资不足。用非效率投资（取绝对值，Abs_inv）来衡量企业投资效率，回归分析结果如表 7 所示，列（4）显示媒体的负面报道和投资效率在 5% 的水平上显著负相关，表明了媒体负面报道会提高亏损企业的投资效率。

七、研究总结

本文选择从 2003 年到 2012 年发生亏损的 A 股上市企业为研究样本，研究了媒体负面报道对亏损逆转程度的作用，研究发现媒体负面报道有助于亏损企业扭亏为盈，其作用机制主要表现为对管理层的监督治理效应；同时，相比于虚亏企业，媒体负面报道的扭亏效应在实亏企业和非国有企业中表现得更加突出。进一步分析还发现，媒体负面报道降低了亏损企业的双重代理成本。从本文的研究结论得到的启示有：首先，加强媒体建设有助于弥补制度建设的不足；其次，在媒体越来越重要的背景下，应鼓励媒体发挥批评监督作用；最后，应给予媒体对国有企业更大的报道权力，以便它们更好地发挥监督治理作用。

参考文献

陈冬华，章铁生，李翔 . 2008. 法律环境、政府管制与隐性契约 . 经济研究，3：60 – 72.

醋卫华，李培功 . 2012. 媒体监督公司治理的实证研究 . 南开管理评论，1：33 – 42.

戴亦一，潘越，陈芬 . 2013. 媒体监督、政府质量与审计师变更 . 会计研究，10：89 – 95 + 97.

黄辉 . 2013. 媒体负面报道、市场反应与企业绩效 . 中国软科学，8：104 – 116.

金碚 . 2010. 论国有企业改革再定位 . 中国工业经济，4：5 – 13.

李明，叶勇 . 2016. 媒体负面报道对控股股东掏空行为影响的实证研究 . 管理评论，1：73 – 82.

李培功，沈艺峰 . 2010. 媒体的公司治理作用：中国的经验证据 . 经济研究，4：14 – 27.

李培功，沈艺峰 . 2013. 经理薪酬、轰动报道与媒体的公司治理作用 . 管理科学学报，10：63 – 80.

李焰，秦义虎 . 2011. 媒体监督、声誉机制与独立董事辞职行为 . 财贸经济，3：36 – 41.

林慧婷，何玉润，王茂林，朱冰 . 2016. 媒体报道与企业资本结构动态调整 . 会计研究，9：41 – 46.

刘启亮，李祎，张建平 . 2013. 媒体负面报道、诉讼风险与审计契约稳定性——基于外部治理视角的研究 . 管理世界，11：144 – 154.

罗进辉 . 2012. 媒体报道的公司治理作用——双重代理成本视角 . 金融研究，10：153 – 166.

于忠泊，田高良，齐保垒，张皓 . 2011. 媒体关注的公司治理机制——基于盈余管理视角的考察 . 管理世界，9：127 – 140.

郑志刚，丁冬，汪昌云 . 2011. 媒体的负面报道、经理人声誉与企业业绩改善——来自我国上市公司的证据 . 金融研究，12：163 – 176.

Dhaliwal, D. S, Q. Liu, & H. Xie. 2013. Negative press coverage, litigation risk, and audit opinions in China. *Social Science Electronic Publishing*.

Dyck, A. , N. Volchkova, & L. Zingales. 2008. The corporate governance role of the media: Evidence from Russia. *The Journal of Finance*, 63 (3): 1093 – 1135.

Fama, E. F. , & M. C. Jensen. 1983. Separation of ownership and control. *The Journal of Law and Economics*, 26 (2): 301 – 325.

Negative Media Reports and the Performance of Loss Reverse: Information Dissemination or Governance

Jianying Chen, *Huan Zhang*, *Dingxiang Wang*

Abstract: This paper investigates the relationship between negative media reports and loss reverse using listed firms with loss earnings from 2003 to 2012. The results show that negative media reports increase the extent of loss reverse, suggesting that the media reports take a governance role. The above associations are more pronounced in the real – loss and state – owned firms. We also find that the negative media reports reduce the cost of double agency problem. This paper advances the media governance and loss reverse literatures.

Keywords: Negative Media Reports; Performance of Loss Reverse; Governance

第 19 卷，第 1 辑，2020 年
Vol. 19, No. 1, 2020

会 计 论 坛
Accounting Forum

信用评级差异与企业关联交易行为*

陈 齐 曾 宏 吴育辉

【摘 要】 本文从融资约束的角度出发，研究上市公司与其第一大股东的主体信用评级差异对集团内部双方关联拆借金额的影响，以考察信用评级在我国上市公司内部资本市场的作用。研究发现，当上市公司和第一大股东都有主体信用评级时，二者的主体信用评级差异越大，关联拆借的金额也就越大；当二者中仅一方有主体信用评级时，资金会从有评级的一方拆出到无评级的另一方，且主体信用评级与关联拆借金额正相关。进一步研究还发现，主体信用评级差异与关联拆借金额的这种正向相关在国有上市公司和西部地区上市公司中更加显著。总体来看，上市公司与其第一大股东之间的主体信用评级差异，为通过关联拆借实现集团内部融资成本最小化提供了条件。本文丰富了企业关联交易的影响因素研究，拓展了信用评级与内部资本市场领域的相关探讨，为我国信用评级行业的发展提供了理论指导。

【关键词】 信用评级；关联交易；控股股东；内部资本市场

收稿日期：2020 – 01 – 28
基金项目：国家自然科学基金项目（71790601；71572165；71972163）；中央高校基本科研业务费专项资金资助项目（20720171017）；福建省社会科学规划项目（FJ2017C081）
作者简介：陈齐，男，厦门大学管理学院硕士研究生；曾宏，男，重庆大学经济与工商管理学院教授；吴育辉（通讯作者），男，厦门大学管理学院教授，wuyuhui@ xmu. edu. cn。
* 作者感谢审稿人对本文的宝贵意见，但文责自负。

一、引言

与发达国家相比，我国信用评级行业的起步较晚，于 20 世纪 80 年代才逐渐进入萌芽阶段。2005 年以后，信用债券市场规模迅速扩大，促进了信用评级行业的快速发展。伴随着不断延伸与扩展的业务范围以及日益市场化的业务操作，我国信用评级行业呈现较快的发展态势。

对于企业主体而言，信用评级是其进入债券市场的通行证。一方面，企业在我国债券市场上公开发债，不仅需要评级机构对其进行信用等级评定，而且要求达到一定的评级；另一方面，债券投资者在对企业发行的债券进行定价时，也需要参考和借鉴评级机构给出的信用评级。一般而言，信用等级越高，企业发债融资的成本就会越低。

在当今市场经济的大环境下，伴随着企业集团的逐步扩大，集团内部企业之间的关联交易行为已经成为一种普遍存在的经济活动。根据魏志华等（2017）的研究，关联交易对企业的影响具有两面性。从"效率促进"的角度来看，关联交易有助于缓解企业与外部投资者之间的信息不对称问题，降低交易成本；从"效率损害"的角度来看，大股东可能通过关联交易"掏空"上市公司，损害上市公司价值。尽管存在争议，但是有不少研究发现了关联交易对企业价值产生积极影响的证据。韩鹏飞等（2018）的研究也发现，在集团内部，大股东可以通过金字塔股权机构，使得公司彼此之间相互影响、互相支持，实现风险共担。

集团内部存在许多企业主体，这些企业主体都可以独自开展信用评级。而企业集团则在比较不同企业主体的信用评级基础上，综合考虑整体的融资方案，并借助内部资本市场实现集团内部的融资成本最小化。对于一个从未进行过信用评定的企业而言，必然与外界资本市场存在着较大的信息不对称问题，阻碍其借助债券市场进行融资；相反，如果一家企业或者集团整体的主体信用评级较高，则更容易获得投资者的信赖和金融机构的资金支持。具体而言，高信用评级的关联方可以借助融资优势，以较低的融资成本融入资金，再通过关联交易把资金拆借给低评级或无评级的关联方。相比这些低评级或无评级企业直接进行债务融资，通过关联交易的方式能够有效地规避其因信用评级较低而难以获得外部融资的难题，显著地降低了集团整体的融资成本。

基于以上的逻辑，本文以 2013 ~ 2017 年我国 A 股上市公司为研究样本，根据上市公司及其第一大股东主体信用评级的不同情况来研究主体信用评级差异对集团内部关联拆借活动的影响，并进一步分析股权性质差异和地区差异对二者关系的影响，从关联交易的视角分析信用评级的信息有效性与功能效应。研究发现，当上市公司和第一大股东都有主体信用评级时，二者的主体信用评级差异越大，关联拆借的金额也就越大；当二者中仅一方有主体信用评级时，资金会从有评级的一方拆出到无评级的另一方，且主体信用评级与关联拆借金额正相关。主体信用评级差异与关联拆借金额的这种正向相关在国有上市公司和西部地区上市公司中更加显著。总体来看，上市公司及第一大股东之间主体信用评级的差异，为通过关联拆借实现集团内部融资成本最小化提供了条件。本文丰富了企业关联交易的影响因素研究，拓展了信用评级与内部资本市场领域的相关文献，为我国信用评级行业的发展提供了理论指导。

二、文献综述与理论假设

（一）文献回顾

1. 关联交易

目前，国内学术界对于关联交易在上市公司中究竟起到"效率促进"还是"效率损害"的作用众说纷纭。一方面，基于"效率观"而言，一些学者认为关联交易有助于企业降低交易和执行成本，实现规模经济，改善内部资本市场的治理作用，从而扮演"效率促进"的积极角色。其中，黄蓉等（2013）认为企业可能会出于避税的考虑进行关联交易。他们分析了上市公司与控股股东的税率差异对关联交易类型和规模的影响，结果表明它们之间存在显著的正相关关系。魏志华等（2017）从内部要素市场交易行为的角度出发，研究了关联交易影响企业价值的作用机制，得出关联交易对企业价值产生积极影响的结论。此外，王跃堂和涂建明（2006）认为企业集团内部使用关联交易的主要原因是进行资源的优化配置，以此达到企业集团的规模经济效益。另一方面，基于"掏空观"而言，另外一些学者则认为关联交易容易被大股东用作恶意盈余管理的工具，为大股东"掏空"上市公司提供契机，从而扮演"效率损害"的消极角色。余明桂和夏新平（2004）发现关联交易是控股股东损害小股东利益的主要途径，直接证明了二者之间存在的代理问题；刘建民和刘星（2007）发现，控股股东通过关联交易对上市公司的利益进行"地下输送"，并且当上市公司的治理效率不高时，这种利益输送行为的负面效果更加明显，显著降低了公司价值。

总体而言，目前国内学术界对关联交易在影响企业价值这一问题中究竟扮演的是"效率促进"还是"效率损害"的角色尚存争议。但究其本质，关联交易对于外部资本市场而言往往容易存在披露内容不完整、避重就轻、动机不合理且交易复杂等特征，并且显著影响企业价值。上市公司内部关联交易的动机不同，对其价值的影响途径多样且复杂，导致对关联交易的作用机制存在两种对立的结论。

2. 信用评级

20 世纪 80 年代，我国信用评级行业才开始逐渐发展。尽管晚于发达国家，但随着债券市场的蓬勃发展，信用评级行业的重要性也越发体现出来，国内学者对信用评级也越来越关注。目前已有文献主要关注对信用评级行业利益冲突的理论解释、涉及评级机构改革的政策性讨论，以及关于信用评级的经验研究。

在信用评级的有效性问题上，何平和金梦（2010）分析了债项、企业主体评级结果对企业发债融资成本的影响，研究发现两种评级均对企业融资成本产生影响，且债项评级的影响作用更明显；Roy 和 Walter（2001）认为，评级机构的作用体现为信号传递，反映了企业的违约风险。在信用评级的影响因素研究中，财务信息一直被视为企业主体信用评级的重要参考指标，除此之外，一些宏观因素、评级收费模式等非企业财务信息也得到普遍关注。朱松（2013）发现我国企业主体信用评级与基本面的差异在总体上是吻合的；施丹和姜国华（2013）通过分析财务指标在企业债项评级变迁中的预测作用，得出了发债公司的营运能力、盈利能力和现金流量都显著影响企业主体信用评级的结论。Bar–Isaac 和 Shapiro（2013）研究了宏观经济周期与信用评级之间的关系，发现了信用评级质量的反周期性。Bonsall IV（2014）对标普和穆迪变更付费模式前后的评级进行了比较，发现在标普和穆迪转变为发行人付费模式后，评级的信息含量显著增加。

综上，已有文献大多将信用评级作用机制与关联交易两个问题单独进行研究，而对信用评级与关联交易关系的直接研究则相对较少。本文基于企业集团内部之间的关联交易行为这一视角，研究信用评级在我国内部资本市场的功能效应与信息有效性。从企业的发展历程和生命周期来看，融资约束始终是影响企业的重要因素。本文希望从融资约束的角度出发，以更清楚地了解信用评级差异对关联交易的影响。

（二）研究假设

信用评级的核心功能是信息发现（王浩等，2018），为金融市场中多方参与者搭建信息沟通的桥梁，降低信息搜寻成本，提高信息透明度。对于资金供应方而言，评级机构给出的信用评级能够较好地反映发行人的财务信息（Kaplan and Urwitz，1979），因此可以通过使用信用评级大幅度降低其收集和挖掘信息的成本。同时，信用评级产生的信息也可以用于对违约风险的判断（Cornaggia et al.，2018）。对于资金需求方而言，信用评级是其公开发债的通行证，不仅能拓宽其融资渠道，还能降低其融资成本。信用评级就如同通过品质认证后的标签（朱松，2013），降低了外界由于信息不对称而导致的认知风险，进而有效降低资金供给方要求的最低回报率，即降低融资成本。信用评级越高，资金供给方承担的投资风险越低，企业的融资成本也会相应越低。因此，较高的信用评级成为企业发债融资的重要条件之一。而较低的信用评级不仅会直接影响企业的公开发债能力，也会影响企业的银行贷款能力，进而使得企业面临融资约束（林晚发和刘颖斐，2019）。因此，当上市公司与控股股东的信用评级存在差异时，集团内部的关联方就可能在借助高评级主体发债融资后，通过关联拆借方式转移融资资金，以实现集团整体的融资成本最小化。具体而言，在集团内部，信用评级较低的融资需求方可以借助高信用评级关联方的融资优势进行融资，即通过关联交易对高信用评级关联方的融资进行拆借转移，从而得到所需资金，这在很大程度上降低了资金需求方的融资难度与融资成本。基于上述分析，本文提出第一个研究假设：

> H1：在上市公司和第一大股东都有主体信用评级的情况下，资金会从评级较高的企业拆出到评级较低的企业，二者主体信用评级的差异越大，关联拆借的金额越高。

基于融资约束的角度，在研究信用评级对关联拆借行为的影响时，可能会出现另一种情形，即上市公司与控股股东中仅一方有主体信用评级，而另一方没有主体信用评级。没有信用评级可能是由于企业的整体财务状况和经营情况较差，即便评级也可能得不到满意的评级结果。但是，这些没有信用评级的企业也需要外部融资。如果缺少集团内部资本市场的支持，这些企业只能通过银行贷款等私有市场进行债务融资，无法通过公开发债进行融资，不仅融资渠道受到影响，而且融资成本也会高企不下。如果有集团内部资本市场的支持，这些缺少信用评级的企业就可以借助集团内部有信用评级的关联方进行公开债券市场发债，再利用关联拆借行为将资金转移给自己来使用，从而在集团整体上降低了融资成本。关联方的信用评级越高，越有利于无评级企业借助高评级企业进行发债融资和资金拆借。基于上述分析，本文针对不同的具体情况，提出如下假设：

> H2：在上市公司有主体信用评级、第一大股东没有主体信用评级的情况下，上市公司信用评级越高，它向第一大股东提供资金（即关联拆出）的关联拆借金额越高。

> H3：在上市公司没有主体信用评级、第一大股东有主体信用评级的情况下，第一大股东信用评级越高，上市公司从第一大股东处获得资金（即关联拆入）的关联拆借金额越高。

三、研究设计

（一）样本选取与数据来源

本文以 2013 年国务院颁布《征信业管理条例》为契机，选择 2013～2017 年我国 A 股上市公司为样本，根据以下标准进行了筛选：（1）考虑到金融类上市公司的业务特点，其财务报表披露与其他行业的上市公司不一致，缺乏具有可比性的财务指标，因此予以剔除；（2）剔除个别信用评级信息缺失（有信用评级但没有获得相应数据）或关联交易数据严重缺失的上市公司；（3）为避免极端值对实证研究结果的影响，对连续变量剔除 1% 分位数以下和 99% 分位数以上的观测值。通过上述标准进行数据处理之后，得到 A 股上市公司样本总数 591 个。其中，2013 年 120 个、2014 年 147 个、2015 年 153 个、2016 年 77 个、2017 年 94 个。本文选取的样本中，财务数据来源于 CSMAR 经济金融研究数据库，信用评级数据来源于 Wind 数据库。

（二）关键变量定义

1. 关联拆借金额的度量

本文重点考察企业发债融资后将资金提供给集团内部的关联企业这一行为，故选取关联拆借金额为被解释变量。关联拆借是指企业关联方之间提供资金（包括以现金或实物形式提供的贷款或股权投资）的一种关联交易。

本文还考虑到不同上市公司的规模对关联交易规模的影响，具体而言，关联拆借金额（Rpt_i）= 关联拆借金额/期末总资产。在拆借方向上，本文选择上市公司向第一大股东提供资金的关联拆借金额（Rpt_{out}，即关联拆出）和第一大股东向上市公司提供资金的关联拆借金额（Rpt_{in}，即关联拆入）作为交易方向的两种衡量。关联拆出和关联拆入是单向关联拆借金额的两种类型。同时，将两个方向的关联拆借净额作为上市公司与第一大股东之间的关联拆借净额（Rpt_{net}，后文均简称为"关联拆借净额"）。

2. 信用评级的度量

（1）上市公司主体信用评级（$Credit_1$）：企业主体信用评级是以企业或经济主体为评级对象，由评级机构评定得到评级结果。本文对九种评级结果逐一进行赋值，其中，BBB + = 1、A − = 2、A = 3、A + = 4、AA − = 5、AA = 6、AA + = 7、AAA − = 8、AAA = 9。数值越大，表明企业的主体信用评级越高。

（2）第一大股东主体信用评级（$Credit_2$）：变量定义和赋值同"上市公司主体信用评级（$Credit_1$）"。

（3）主体信用评级差异（$Creditdiff$）：在同一年份中，上市公司及其第一大股东同时拥有主体信用评级时，定义主体信用评级差异来考察二者拥有不同主体信用评级对关联拆借金额的影响。具体而言，该变量数值上等于上市公司主体信用评级与第一大股东主体信用评级差额的绝对值。

（三）模型构建

为验证前文中所提出的研究假设，借鉴黄蓉等（2013）和吴育辉等（2017）的研究设计，本文建立了以下三个多元回归模型进行实证分析。首先，考察第一种情形，即上市公司和第一大股东都有主体信用评级。将关联拆借净额作为被解释变量，主体信用评级差异作为解释变量。考虑到控制上市公司及其第一大股东其他财务指标对实证研究结果的影响，以及我国 A 股市场的实际情况，本文选取了公司规模（*Size*）、财务杠杆（*Lev*）、盈利能力（*Roa*）、公司成长性（*Growth*）、经营性现金流状况（*Cfo*）等作为控制变量，并控制了行业和年份这两个固定效应。

根据前文的假设，我们构建了第一个回归方程（1）。如果 β_1 显著为正，则表明随着上市公司与第一大股东主体信用评级差异的扩大，二者之间的关联拆借净额也将提升，假设 H1 得证。

$$Rpt_{net} = \beta_0 + \beta_1 Creditdiff + \beta_2 Size + \beta_3 Lev + \beta_4 Roa + \beta_5 Growth + \beta_6 Cfo \\ + Year\ fixed\ effect + Industry\ fixed\ effect + \varepsilon \tag{1}$$

其次，我们考察第二种情形，即上市公司有主体信用评级，而第一大股东没有主体信用评级的情况。我们将关联拆出金额 Rpt_{out} 作为被解释变量，上市公司主体信用评级 $Credit_1$ 作为解释变量。据此，建立第二个回归方程，如式（2）所示。此时，如果 β_1 显著为正，则表明当第一大股东没有主体信用评级时，随着上市公司主体信用评级的提高，上市公司对第一大股东的关联拆出金额也将提升，假设 H2 得证。

$$Rpt_{out} = \beta_0 + \beta_1 Credit_1 + \beta_2 Size + \beta_3 Lev + \beta_4 Roa + \beta_5 Growth + \beta_6 Cfo \\ + Year\ fixed\ effect + Industry\ fixed\ effect + \varepsilon \tag{2}$$

最后，我们考察第三种情形，即上市公司没有主体信用评级，而第一大股东有主体信用评级的情况。将关联拆入金额 Rpt_{in} 作为被解释变量，第一大股东主体信用评级 $Credit_2$ 作为解释变量。据此，建立第三个回归方程，如式（3）所示。此时，如果 β_1 显著为正，则表明当上市公司没有主体信用评级时，随着第一大股东主体信用评级的提高，上市公司从第一大股东处获得的关联拆入金额也将提升，假设 H3 得证。

$$Rpt_{in} = \beta_0 + \beta_1 Credit_2 + \beta_2 Size + \beta_3 Lev + \beta_4 Roa + \beta_5 Growth + \beta_6 Cfo \\ + Year\ fixed\ effect + Industry\ fixed\ effect + \varepsilon \tag{3}$$

回归方程（1）～回归方程（3）中的具体变量定义如表 1 所示。

表 1　变量定义与说明

变量类型	变量名称	变量符号	变量定义
被解释变量	关联拆出金额	Rpt_{out}	上市公司向第一大股东提供资金总额/上市公司期末总资产
	关联拆入金额	Rpt_{in}	第一大股东向上市公司提供资金总额/上市公司期末总资产
	关联拆借净额	Rpt_{net}	（上市公司向第一大股东提供资金总额 – 第一大股东向上市公司提供资金总额）的绝对值/上市公司期末总资产
解释变量	上市公司主体信用评级	$Credit_1$	从 BBB + 到 AAA，赋值 1～9 表示评级从低到高
	第一大股东主体信用评级	$Credit_2$	从 BBB + 到 AAA，赋值 1～9 表示评级从低到高
	主体信用评级差异	$Creditdiff$	上市公司与第一大股东主体信用评级差额的绝对值

续表

变量类型	变量名称	变量符号	变量定义
控制变量	公司规模	Size	公司年末总资产的自然对数
	财务杠杆	Lev	年末负债总额/年末总资产
	盈利能力	Roa	年末净利润/年末总资产
	公司成长性	Growth	主营业务收入增长率=(本期主营业务收入-上期主营业务收入)/上期主营业务收入
	经营性现金流状况	Cfo	净经营现金流/年末总资产
	行业	Industry	以证监会行业分类标准进行划分
	年份	Year	5 个研究年度取 4 个年份虚拟变量

四、实证结果分析

(一)　描述性统计

表 2 列示了上市公司及其第一大股东当年所获得主体信用评级的分布情况。可以看出,上市公司及其第一大股东的主体信用评级分布比较一致,集中分布于 AA 及以上等级,分别占二者总样本的 90.61% 和 95.82%。而在所有的观测值中,信用评级为 A +、A、A - 和 BBB + 的上市公司很少,累计占总样本的不到 10%。主要原因是目前在我国的信用债券市场上,对发行公司债企业的主体信用要求还是偏高的。

表 2　上市公司及其第一大股东主体信用评级分布

单位:个

主体	年份	AAA	AAA -	AA +	AA	AA -	A +	A	A -	BBB +	合计
上市公司	2013	27	0	24	36	9	1	1	0	0	98
	2014	34	0	35	46	13	0	2	0	1	131
	2015	39	0	39	60	7	0	0	0	0	145
	2016	26	0	13	30	6	2	0	0	0	77
	2017	34	0	17	32	9	0	0	0	0	92
	合计	160	0	128	204	44	3	3	0	1	543
第一大股东	2013	18	4	33	18	5	1	0	0	0	79
	2014	33	2	30	23	2	2	0	0	0	92
	2015	42	0	37	14	2	1	1	0	0	97
	2016	23	0	8	9	0	1	0	0	0	41
	2017	30	0	7	13	0	0	0	0	0	50
	合计	146	6	115	77	9	5	1	0	0	359

注:由于部分上市公司或第一大股东并没有信用评级,所以有表中合计的 543 和 359。

表 3 披露了主要变量的描述性统计结果。可以看出，关联拆出金额和关联拆入金额的均值有明显差异，关联拆入金额是关联拆出金额的 1.7 倍，说明两个方向的关联拆借规模差异较大。上市公司与第一大股东主体信用评级的均值分别为 6.4353 和 7.5125，远远超过了可投资级别的标准，说明目前在我国的信用债券市场上，对发行公司债企业的主体信用要求偏高；$Credit_1$ 和 $Credit_2$ 的标准差分别达到了 1.3375 和 1.3658，说明不同企业间的主体信用评级还是存在明显差异。主体信用评级差异的最大值为 5，均值为 0.6913，标准差为 0.9528，说明当上市公司与第一大股东同时拥有主体信用评级时，评级结果有一定的差异性。控制变量中，591 家样本上市公司的平均规模为 23.9842，标准差为 1.3664，数值较小，说明样本中上市公司的公司规模波动的程度较小。财务杠杆的均值为 0.5974，平均负债水平超过了 50%，部分上市公司甚至可能存在较高的财务风险。公司成长性的最大值达到 2.5050，而最小值只有 −0.5613，标准差为 0.2914，说明不同上市公司之间成长性的差异较大，预示着未来各公司盈利能力的差距可能较大。盈利能力和经营性现金流的均值分别为 0.0536 和 0.0355，表明样本上市公司总体上有较强的盈利能力和经营性现金流创造能力。

表 3　主要变量的描述性统计

变量	N（个）	均值	标准差	中位数	最小值	最大值
Rpt_{out}	591	0.0087	0.0348	0.0240	0	0.5340
Rpt_{in}	591	0.0150	0.0388	0.0006	0	0.3011
Rpt_{net}	591	0.0150	0.0366	0.0024	0	0.4573
$Credit_1$	543	6.4353	1.3375	6	1	9
$Credit_2$	359	7.5125	1.3658	7	3	9
$Creditdiff$	311	0.6913	0.9528	0	0	5
$Size$	591	23.9842	1.3664	23.7792	20.4668	28.5087
Lev	591	0.5974	0.1614	0.6160	0.0435	0.9518
Roa	591	0.0536	0.0373	0.0496	− 0.1315	0.3406
$Growth$	591	0.1296	0.2914	0.0856	− 0.5613	2.5050
Cfo	591	0.0355	0.0660	0.0374	− 0.3544	0.2520

（二）相关性分析

本文对主要变量进行了 Pearson 相关性分析，表 4 主要列示了当上市公司和第一大股东都有主体信用评级时，主体信用评级差异与关联拆借净额的相关系数为 0.1557，呈现较强的正相关关系，说明随着主体信用评级差异的增大，二者之间的关联拆借净额也会有较大幅度的提升，与研究假设 H1 一致。此外，其他变量间的相关系数的绝对值基本在 0.3 以下，大多数在 0.1 以下，说明解释变量与控制变量之间的弱相关性不会导致严重的多重共线性问题。

表 4　主体信用评级差异与关联拆借净额相关性分析

变量	Rpt_{net}	Creditdiff	Size	Lev	Roa	Growth	Cfo
Rpt_{net}	1.0000						
Creditdiff	0.1557 ***	1.0000					
Size	0.0934 *	− 0.2873 *	1.0000				
Lev	0.1440 **	− 0.0098	0.1286	1.0000			
Roa	0.0354	− 0.0761	0.0304	− 0.3506 *	1.0000		
Growth	− 0.0482	0.0815	0.0819 *	0.1966	0.1845	1.0000	
Cfo	0.0375	0.0464	0.1742	− 0.1226	0.2621 *	− 0.0601	1.0000

注：*、**、*** 分别表示在 10%、5% 与 1% 的水平上显著，下文同。

（三）主回归分析

1. 主体信用评级差异与关联拆借净额

本文首先基于构建的回归方程（1），检验上市公司与其第一大股东的主体信用评级差异对二者之间关联拆借净额的影响。表 5 中的第（1）列为方程（1）的回归结果。该结果显示，主体信用评级差异变量 Creditdiff 的系数估计量为 0.027，且在 1% 的统计水平上显著，表明在上市公司与其第一大股东在同一年都拥有主体信用评级的情况下，主体信用评级差异每上升 1 个等级，则二者之间的关联拆借净额随之增加 2.7%。这意味着在上市公司和第一大股东都有主体信用评级的情况下，资金会从评级较高的一方拆出到评级较低的另一方。二者主体信用评级的差异越大，关联拆借净额越大，研究假设 H1 得到证实。

表 5　主体信用评级与关联拆借金额回归结果

变量	（1）Rpt_{net}	（2）Rpt_{out}	（3）Rpt_{in}
Creditdiff	0.027 ***		
	(2.80)		
$Credit_1$		0.016 **	
		(2.46)	
$Credit_2$			0.012 ***
			(2.69)
Size	0.003 **	0.014 ***	0.010 *
	(2.27)	(2.95)	(1.97)
Lev	0.029 **	0.010 *	0.009
	(2.32)	(2.06)	(0.18)
Roa	0.052	− 0.050	0.274
	(1.03)	(− 0.62)	(1.35)

续表

变量	(1) Rpt_{net}	(2) Rpt_{out}	(3) Rpt_{in}
Growth	−0.006	−0.007	−0.002
	(−0.83)	(−0.04)	(−1.08)
Cfo	0.029	0.009	0.016
	(0.94)	(0.21)	(0.15)
Constant	0.073**	0.058*	−0.137
	(2.06)	(1.74)	(−0.63)
Year/Industry	Yes	Yes	Yes
N(个)	311	232	48
Adjusted R^2	0.55	0.69	0.48

注：括号内的数值为 t 值，下文同。

2. 主体信用评级与关联拆入、拆出金额

既然上市公司及其第一大股东的主体信用评级差异对关联拆借金额存在显著影响，那么当其中一方拥有主体信用评级，而另一方没有主体信用评级时，是否也会对单向关联拆借金额产生影响？基于这一思路，本文对主体信用评级与关联拆出、关联拆入金额的关系做进一步分析。表 5 中，第（2）列为方程（2）的回归结果，显示了在上市公司有主体信用评级而第一大股东没有主体信用评级的情况下，上市公司主体信用评级 $Credit_1$ 对上市公司关联拆出金额 Rpt_{out} 的影响；第（3）列为方程（3）的回归结果，显示了在第一大股东有主体信用评级而上市公司没有主体信用评级的情况下，第一大股东的主体信用评级 $Credit_2$ 对上市公司关联拆入金额 Rpt_{in} 的影响。根据回归结果，第（2）列中的 $Credit_1$ 和第（3）列中的 $Credit_2$ 的系数估计量都为正，且都至少在 5% 的统计水平上显著。这说明在上市公司与其第一大控股股东在同一年只有一方拥有主体信用评级的情况下，$Credit_1$（$Credit_2$）每上升 1 个等级，则对应的关联拆出（拆入）水平随之提升 1.6%（1.2%），企业主体信用评级与单向关联拆借金额之间呈现显著的正相关关系，验证了研究假设 H2 和 H3。

3. 稳健性检验

为了保证研究结论的严谨性与合理性，本文在上述回归分析的基础上进行稳健性检验。当上市公司的主体信用评级高于第一大股东时，借助上市公司的高评级，更容易发生上市公司向第一大股东提供资金的情况（即关联拆出）；当上市公司的主体信用评级低于第一大股东时，借助第一大股东的高评级，更容易发生第一大股东向上市公司提供资金的情况（即关联拆入）。因此，本文进一步将模型（1）中的关联拆借净额 Rpt_{net} 细分为关联拆入金额 Rpt_{in} 和关联拆出金额 Rpt_{out}，主体信用评级差异 $Creditdiff$ 细分为 $Creditdiff_1$（即上市公司主体信用评级减去第一大股东主体信用评级）和 $Creditdiff_2$

（即第一大股东主体信用评级减去上市公司主体信用评级），对两种情况分别进行回归，检验结果如表 6 所示。从稳健性检验结果来看，解释变量 $Creditdiff_1$ 和 $Creditdiff_2$ 至少在 5% 的水平上统计性显著，回归系数大小和符号也符合经济性显著要求，说明回归结果未发生实质性的变化，具有一定的稳健性。

表 6　稳健性检验结果

变量	(1) Rpt_{out}	(2) Rpt_{in}
$Creditdiff_1$	0.036 **	
	(2.31)	
$Creditdiff_2$		0.011 ***
		(2.78)
Constant	0.023	0.923
	(1.09)	(0.55)
控制变量	Yes	Yes
Year/Industry	Yes	Yes
N（个）	235	76
Adjusted R^2	0.46	0.25

4. 内生性检验

寇宗来等（2015）认为企业主体信用评级通常存在一定的内生性。因此，为了减小研究模型内生性变量对本文结论的影响，缓解其对相关实证结论造成的估计偏误，本文借鉴上述文献的处理方法，以信用评级市场竞争程度作为信用评级的工具变量。

具体的，本文采用上市公司所在省份 2013～2017 年的评级市场竞争程度（Hhi）作为工具变量进行回归。一般情况下，Hhi 越小，评级市场竞争程度越高。不同评级机构之间为抢占市场份额，在发行者付费模式下，会提高所评定的评级结果，从而达到"迎合"债券发行者需求的目的，故 $Credit$ 越大。表 7 给出了两阶段最小二乘法的回归结果，其中，第（1）列显示了在上市公司和第一大股东都有主体信用评级的情况下，$Creditdiff$ 对 Rpt_{net} 的影响；第（2）列显示了在上市公司有主体信用评级、第一大股东没有主体信用评级的情况下，$Credit_1$ 对 Rpt_{out} 的影响；第（3）列显示了在第一大股东有主体信用评级、上市公司没有主体信用评级的情况下，$Credit_2$ 对 Rpt_{in} 的影响。根据回归结果，可以发现第一阶段中的 Hhi 和 $Hhidiff$ 的系数估计量显著为负，这说明评价市场竞争程度（差异）越高（越大），主体信用评级（差异）越高（越大）。与寇宗来等（2015）得到的结论相同，可以将 Hhi（$Hhidiff$）作为模型中 $Credit$（$Creditdiff$）的代理变量。在第二阶段中，$Creditdiff$ 的系数估计量为正，$Credit_1$ 和 $Credit_2$ 的系数估计量也为正，且均至少在 10% 的水平上显著，与前文的结论一致。

表7　两阶段最小二乘法的回归结果

变量	(1) Rpt_{net}		(2) Rpt_{out}		(3) Rpt_{in}	
	第一阶段	第二阶段	第一阶段	第二阶段	第一阶段	第二阶段
$Hhidiff$	-0.220** (-2.08)					
$Creditdiff$		0.235** (2.03)				
Hhi			-0.133*** (-2.58)		-0.092*** (-2.85)	
$Credit_1$				0.003*** (2.77)		
$Credit_2$						0.018* (1.78)
$Constant$	0.411 (0.92)	24.184*** (16.48)	4.610*** (6.51)	-1.709 (-0.40)	6.059 (1.07)	-0.082 (-0.43)
控制变量	Yes	Yes	Yes	Yes	Yes	Yes
Year/Industry	Yes	Yes	Yes	Yes	Yes	Yes
N(个)	311	311	232	232	48	48
Adjusted R^2	0.15	0.32	0.27	0.39	0.15	0.44

（四）进一步分析

1. 股权性质的调节作用

在我国，上市公司的股权性质对其融资成本的影响很大。一方面，相比于民营上市公司而言，国有上市公司由于存在政府的隐性担保，往往在财务状况相当的情况下可以获得更高的主体信用评级，融资成本也会较低（林晚发和刘颖斐，2019）；另一方面，也有部分早期设立的国有上市公司，由于在股权改制过程中已经将优质资源剥离上市，导致控股股东的资产质量很差，丧失了融资能力，不得不通过对上市公司的资金占用等方式获得现金流（李增泉等，2004）。因此，股权性质的不同，可能影响集团内部主体信用评级差异与关联拆借行为的关系。基于此，有必要进一步分析在上市公司股权性质的作用下，上市公司与第一大股东主体信用评级差异如何影响它们之间的关联交易行为。于是，我们在回归方程（1）～回归方程（3）的基础上，加入了表示股权性质的虚拟变量 Soe 以及 $Credit_1$、$Credit_2$、$Creditdiff$ 分别与 Soe 的交叉项，研究股权性质在二者关系中的调节作用。其中，若最终控制人为国有，Soe 取值为1，否则取值为0。根据表8中第（1）列的回归结果来看，当上市公司和第一大股东都有主体信用评级时，二者的主体信用评级差异对关联拆借净额的影响在国有上市公司中更加明显，且在 5% 的水平上显著；从表 8 中第（2）列和第（3）列的回归结果来看，无论哪一方拥有主体信用评级，在国有上市公司中也都会发生显著更多的关联拆借。这意味着相比于民营上市公司，国有上市公司更多地借助公开发债和利用内部资本市场来降低集团整体的融资成本。

表 8　股权性质的调节作用检验

变量	（1）Rpt_{net}	（2）Rpt_{out}	（3）Rpt_{in}
Soe	0.008 * （1.72）	0.116 *** （4.08）	0.092 * （1.63）
Creditdiff	0.010 *** （2.78）		
Creditdiff × Soe	0.009 ** （2.24）		
$Credit_1$		0.001 （1.49）	
$Credit_1$ × Soe		0.015 *** （3.48）	
$Credit_2$			0.017 （1.60）
$Credit_2$ × Soe			0.026 * （1.76）
Constant	0.063 * （1.82）	0.025 （1.16）	− 0.502 （− 1.57）
控制变量	Yes	Yes	Yes
Year/Industry	Yes	Yes	Yes
N（个）	311	232	48
Adjusted R^2	0.13	0.17	0.37

2. 地区差异的调节作用

在我国，地区间外部市场化水平和融资环境的差异较为明显。西部地区的外部市场化水平较低，融资环境较差，企业通过内部资本市场降低集团融资成本的动机会更加强烈。现有文献就证明了在外部市场化水平较低的地区，关联交易有助于弥补市场不完善所带来的缺陷（刘凤委等，2007）。而东部地区无论是在外部市场化水平还是在融资环境方面，都远远高于或好于西部地区，企业借助内部资本市场的动机就会稍微弱一些。这种地区性差异也可能导致不同地区上市公司及其控股股东在利用主体信用评级差异降低集团整体融资成本时产生不同的效果。基于此，有必要进一步分析我国不同地区对主体信用评级差异与上市公司的关联交易关系的调节效果。因此，本文在回归方程（1）～回归方程（3）的基础上，加入了表示地区差异的虚拟变量 West 以及

$Credit_1$、$Credit_2$、$Creditdiff$ 与 $West$ 的交叉项，从而分析不同地区对基于主体信用评级差异而进行关联拆借行为的潜在影响。其中，当上市公司属于西部地区时，$West$ 取值为 1；当上市公司属于中东部地区时，$West$ 取值为 0。

　　根据表 9 中第（1）列的回归结果，可以发现交叉项 $Creditdiff \times West$ 的系数在 5% 的水平上显著为正，表明当上市公司和第一大股东都有主体信用评级时，二者的主体信用评级差异对关联拆借净额的影响在西部上市公司中更加明显。从表 9 中第（2）列和第（3）列的回归结果来看，$Credit_1 \times West$ 和 $Credit_2 \times West$ 的系数也都至少在 10% 的水平上显著，表明无论哪一方拥有主体信用评级，在西部上市公司中也都会发生显著更多的关联拆借。总体而言，以上结果意味着在西部地区的上市公司，由于外部市场化水平较低和融资环境较差，确实存在更多的利用集团内部关联拆借行为来降低整体融资成本的行为。

表 9　地区差异的调节作用检验

变量	（1）Rpt_{net}	（2）Rpt_{out}	（3）Rpt_{in}
$West$	0.007 * （1.96）	0.005 （1.60）	0.015 ** （2.17）
$Creditdiff$	0.005 （1.73）		
$Creditdiff \times West$	0.011 ** （2.18）		
$Credit_1$		0.010 * （2.01）	
$Credit_1 \times West$		0.012 ** （2.29）	
$Credit_2$			0.009 （1.44）
$Credit_2 \times West$			0.013 * （1.87）
$Constant$	0.202 （1.45）	0.061 ** （2.25）	0.089 * （1.93）
控制变量	Yes	Yes	Yes
Year/Industry	Yes	Yes	Yes
N（个）	311	232	48
Adjusted R^2	0.43	0.39	0.22

五、结论与建议

本文以 2013～2017 年我国 A 股上市公司为样本，从融资约束角度出发，研究上市公司及其第一大股东的主体信用评级差异对它们之间关联交易行为的影响。实证结果表明：（1）当上市公司和第一大股东都有主体信用评级时，资金会从评级较高的一方拆出到评级较低的另一方，主体信用评级差异与关联拆借净额正相关；（2）当上市公司有主体信用评级而第一大股东没有主体信用评级时，上市公司主体信用评级越高，则上市公司关联拆出金额越高；当上市公司没有主体信用评级而第一大股东有主体信用评级时，第一大股东主体信用评级越高，上市公司关联拆入金额越高；（3）主体信用评级差异与关联拆借金额的这种正向相关在国有上市公司和西部地区上市公司中更加显著，表明国有上市公司和西部地区上市公司更容易发生利用关联拆借降低整体融资成本的行为。

本文通过实证分析发现，企业集团内部会利用不同主体之间信用评级的差异以及内部资本市场的作用，借助关联交易行为来降低整体的融资成本。这为信用评级在我国债券市场的功能有效性提供了经验证据，也从另一个侧面支持了关联交易的"效率促进"作用。由于信用评级在资本市场中发挥着日益重要的作用，本文也建议国内各大评级机构应该建立严格的评级标准和方法，保持对发行主体的独立性，及时准确地揭示发行主体的违约风险，使得信用评级能更精准、更直观地反映发行主体的真实风险水平，进而提升信用评级信息在资本市场中的重要性与影响力。同时，监管部门不能一味贬低关联交易行为，而是应该加强对关联交易信息披露的管理，增加关联交易中信息披露的透明度。只要关联交易的信息及时充分地披露出来，关联交易还是可以发挥重要的"效率促进"作用，降低集团内部的融资成本。

参考文献

韩鹏飞，胡奕明，何玉，王海峰 . 2018. 企业集团运行机制研究：掏空、救助还是风险共担？. 管理世界，5：120 – 136.

何平，金梦 . 2010. 信用评级在中国债券市场的影响力 . 金融研究，4：15 – 27.

黄蓉，易阳，宋顺林 . 2013. 税率差异、关联交易与企业价值 . 会计研究，8：47 – 53.

寇宗来，盘宇章，刘学悦 . 2015. 中国的信用评级真的影响发债成本吗？. 金融研究，10：81 – 98.

李增泉，孙铮，王志伟 . 2004. "掏空"与所有权安排——来自我国上市公司大股东资金占用的经验证据 . 会计研究，12：3 – 15.

林晚发，刘颖斐．2019．信用评级调整与企业杠杆——基于融资约束的视角．经济管理，6：176－193．

刘凤委，张人骥，崔磊磊．2007．地区市场化进程、市场分割与公司关联交易行为．财经研究，6：43－54．

刘建民，刘星．2007．关联交易与公司内部治理机制实证研究——来自沪深股市的经验证据．中国软科学，1：79－89．

施丹，姜国华．2013．会计信息在公司债信用等级迁移中的预测作用研究．会计研究，3：43－50．

王浩，刘士达，刘淳．2018．信用评级功能与评级质量影响因素——文献综述与研究展望．投资研究，11：16－33．

王跃堂，涂建明．2006．集团公司与上市公司：掏空、支持，抑或是价值最大化？．中国会计评论，4：119－124．

魏志华，赵悦如，吴育辉．2017．"双刃剑"的哪一面：关联交易如何影响公司价值．世界经济，1：142－167．

吴育辉，吴世农，魏志华．2017．管理层能力、信息披露质量与企业信用评级．经济管理，1：165－180．

余明桂，夏新平．2004．控股股东、代理问题与关联交易：对中国上市公司的实证研究．南开管理评论，7：33－38．

朱松．2013．债券市场参与者关注会计信息质量吗？．南开管理评论，3：16－25．

Bar - Isaac, H. , & J. Shapiro. 2013. Ratings quality over the business cycle. *Journal of Financial Economics*, 108 (1): 62 - 78.

Bonsall IV, S. B. 2014. The impact of issuer - pay on corporate bond rating properties: Evidence from Moody's and S&P's initial adoptions. *Journal of Accounting and Economics*, 57 (2 - 3): 89 - 109.

Cornaggia, J. , K. Cornaggia, & R. Israelsen. 2018. Credit ratings and the cost of municipal financing. *Review of Financial Studies*, 6: 2038 - 2079.

Kaplan, R. , & G. Urwitz. 1979. Statistical models of bond ratings: A methodological inquiry. *Journal of Business*, 52: 231 - 261.

Roy, C. S. , & I. Walter. 2001. Is there an agency issue?. *SSRN Working Paper*.

Credit Rating Difference and Related Party Transactions

Qi Chen，Hong Zeng，Yuhui Wu

Abstract：On the basis of financing constraints, this paper investigates how the difference of credit ratings between listed company and its controlling shareholder influences related party transactions, and the functional effect of credit rating in internal capital market of China. Specifically, this paper takes the data of listed companies and their controlling shareholders from 2013 to 2017. The results show that when both have credit ratings, the credit rating difference is positively correlated with the level of bilateral related party transactions; and when only one has credit rating, the credit rating is highly correlated with the level of unilateral related party transactions. Furthermore, this paper respectively analyzes the aspects of ownership structures and regions. In general, the difference of credit ratings between the listed company and its controlling shareholder provides the conditions to minimize the financing cost. The contribution of this paper is that we explore the characteristics of related party transactions from the perspective of credit rating, which expands the mechanism of credit rating in internal capital market.

Keywords: Credit Rating; Related Party Transactions; Controlling Shareholder; Internal Capital Market

第 19 卷，第 1 辑，2020 年
Vol. 19，No. 1，2020

会 计 论 坛
Accounting Forum

战略引领下分层股权激励制度建设
及适配业绩指标设置[*]

——基于美的集团股权激励实践

李朝芳

【摘　要】股权结构分散化带来的控制权配置中心向关键性资源所有者的转移，导致公司治理模式发生变革，作为内部公司治理机制的股权激励制度因此成为协调异质性股东的重要机制。契约理论及分层次管理理论表明，股权激励契约应当依据不同层次激励对象的特点分层设计异质性条款，建立针对不同资源所有者的股权激励制度。美的集团的分层股权激励制度初见成效，其实践证实：以公司战略为导向，针对不同层次员工建立分层股权激励制度，适配以分层业绩考核指标，通过精确的股权激励分层管理，更能充分发挥股权激励对公司员工的有效激励、约束和控制作用，进而提升公司绩效。

【关键词】分层股权激励；公司战略；业绩指标；美的集团

一、问题的提出

公司制企业所有权和经营权的分离程度随社会经济发展不断提高，股权结构也随

收稿日期：2019 – 10 – 22
作者简介：李朝芳，女，博士，河南财政金融学院会计学院副教授，happylizhaofang@ 163. com。
* 作者感谢匿名审稿专家对本文的宝贵意见，但文责自负。

之由集中不断分散，进而公司控制权配置中心逐渐由物质资本所有者转移至关键性资源所有者，掌握关键性资源的人力资本逐渐取代传统财务资本成为现代公司治理和控制权的核心，职业经理人在公司治理结构中的重要性日益凸显，公司治理模式也随之由"股东大会中心主义"向"董事会中心主义"转移。为了协调公司人力资本所有者（管理者）与财务资本所有者（股东）的利益，充分调动人力资本所有者创造价值的积极性、主动性和创造性，需要建立有效的公司治理机制，合理处理和协调人力资本所有者需求与动机、目标与行为之间的关系，激励人力资本潜能。公司股权激励制度就是这样一种内部公司治理机制，通过赋予掌握公司关键性资源的人力资本所有者股权而促使人力资本股权化，使之与财务资本所有者共同分享公司经营剩余和控制权。代理理论认为，人力资本股权化通过绑定人力资本利益与公司股东利益的方式，可修正公司管理层和股东之间的代理问题，使管理层与股东利益趋于一致（Holmstrom，1979；Grossman and Hart，1983），由此降低公司代理成本，提升公司业绩（Jensen and Meckling，1976；Aboody et al.，2010；陈文强和贾生华，2015）。

人力资本股权化可分为两种：专业人力资本股权化和一般人力资本股权化（陆嵘和王辉，2003）。国内外股权激励实践中，专业人力资本股权化一般通过经理层持股完成，即通过股权激励等制度安排使公司中层以上管理人员和核心技术人员持有本公司一定比例的股权；一般人力资本股权化则主要通过员工持股计划（Employee Stock Ownership Plans，ESOP）完成。可见，人力资本股权化途径多样，激励对象各异，由此产生下述问题：不同员工的股权激励途径是否应该遵循同一原则、采用相同方式、设置统一的业绩考核指标？已有研究发现，公司竞争战略对高管股权激励有显著影响，继而影响公司研发投入和创新（Cheng，2004；靳亭亭，2018；高梦捷，2018），那么公司战略在股权激励制度中究竟扮演什么角色呢？

基于上述问题，本文研究设计如下：在回顾已有相关研究、明确分层股权激励制度理论分析框架的基础上，立足案例研究，以美的集团股份有限公司（以下简称"美的集团"）初具雏形的分层股权激励制度实践为背景，剖析其在公司战略目标引领下的分层股权激励制度的实施机制与效果，试图揭示董事会公司治理模式下的分层股权激励制度机理及适配分层业绩考核指标设置问题，为我国其他公司分层股权激励制度设计与建设提供借鉴。本文案例研究的数据资料来源于美的集团年度报告、临时公告等公开披露信息资料。

二、我国股权激励研究回顾与分层股权激励制度理论分析框架

（一）文献回顾

早期关于股权激励的研究多将股权激励视作一个整体，基于契约整体观考察股权

激励对企业绩效或行为的影响，或多或少地忽视了股权激励契约的异质性，得出的研究结论也缺乏统一性：主流研究认为管理层持股与企业价值之间存在相关性（周仁俊等，2010），但亦有研究发现上市公司股权激励方案存在福利效应，难以有效激励高管，对企业业绩的促进作用不明显（吕长江等，2009；林大庞和苏冬蔚，2011）。在股权激励对企业投资效率的影响研究方面，吕长江和张海平（2011）、罗付岩和沈中华（2013）等发现股权激励有助于提高企业投资效率，宋玉臣等（2017）、杨慧辉等（2018）则发现高管激励强度与过度投资之间存在 U 形曲线关系；而汪健等（2013）却发现股权激励不仅没有抑制反而增强了中小企业的过度投资行为。

近年来，我国学者转变了将股权激励作为一个同质性契约的研究思路，开始以各类契约要素为研究对象，考察激励效应最大化下关键契约要素如激励期限、激励模式和激励范围的选择问题。（1）从激励期限看，长期股权激励能促使激励对象放长决策视野，提升创新水平，促进长期投资（李丹蒙和万华林，2017）。（2）从激励模式看，股票期权比限制性股票具有更强的风险承担效应，更能促进企业研发投资、提升资本投资效率以及抑制过度投资行为（姜英兵和于雅萍，2017；汤萱等，2017），且在股价与行权价较近等特定时点，限制性股票对高管惩罚性的本质会影响企业创新动力，股票期权则能通过对高管形成保护进而激励企业创新（田轩和孟清扬，2018）。（3）从激励范围看，股权激励范围影响激励效果，股权激励不仅是公司董事、高管等核心管理人员的专利，技术骨干、中层管理者甚至基层管理者也应被纳入股权激励对象范围（朱砚秋和杨力，2017）。虽然人人持股可能会导致"搭便车"和"大锅饭"问题，但杨华和宋常（2016）发现，股权激励范围与公司经营绩效呈正相关关系，于换军（2018）发现创业板上市公司核心技术人员股权激励能显著促进科技型公司绩效提升，田轩和孟清扬（2018）则发现当激励对象包含核心技术人员时，股权激励对企业创新的影响更加显著。我国上市公司股权激励方案的实施呈现激励对象由以高管为主过渡到以核心员工为主的趋势（童长凤和杨宝琦，2019）。

上述异质性股权激励契约的研究结果表明，不同激励要素（如期限、模式和范围）具有不同治理效应，在制订和实施股权激励计划的过程中，公司应重视每个员工在内部管理体系中的作用，依据不同层次员工的特点选择不同的激励模式。然而，现有相关研究大多局限于从不同激励要素方面研究异质性股权激励契约的激励效应，尚未能从整体上依据公司不同层次激励对象特点深入解析分层股权激励制度设计及其工作机理。有鉴于此，本文立足美的集团的案例，分析其以公司战略为导向，针对不同层次员工建立的分层员工股权激励制度，以及所设置的相应分层业绩考核指标，以期通过美的集团的分层股权激励制度实践，为其他公司的分层股权激励制度设计与分层精确管理提供借鉴。

（二）分层股权激励制度的理论基础

我国员工持股制度始于 20 世纪 80 年代的国企内部职工股权证，90 年代末在暂停员工持股计划的同时开始引入高管股权激励制度。2006 年《上市公司股权激励管理办法（试行）》的实施在真正意义上开启了我国管理层股权激励实务，由此股权激励得以在 21 世纪初迅速发展。2014 年 6 月证监会发布《关于上市公司实施员工持股计划试点的指导意见》等一系列政策法规重启员工持股计划。当前，我国同时实施管理层股权激励计划和员工持股计划的上市公司屡见不鲜，如赛腾股份和迅游科技，股权激励制度已在一定程度上呈现针对不同层次员工实施不同股权激励模式的分层股权激励思想。

（1）契约理论：分层控制。企业是理性主体之间的一组显性或隐性契约，并因之将股东、经理、职工等行为主体联结到特定的期望或行为模式中。企业要求每个行为主体向企业投入资本、技能和信息等禀赋资源，并且允许各行为主体从企业内获得各种资源作为回报。各行为主体与企业之间的契约关系，以及履行契约的会计和控制机制，都被选定用来适应彼此要求，故而股东、管理人员、生产人员、销售人员和顾客等不同行为主体采取的契约形式不尽相同，他们对企业组织的会计与控制的参与也相应有所不同（桑德，2000）。股权激励制度本质上是一种通过薪酬管理激励和约束不同层级员工的控制方式，具有层次性，可视为一种产权的制度性安排。作为一种社会契约，产权的制度性安排决定权利结构，而权利结构则影响社会资源配置和利益分配，最终决定利益相关者如何受益和受损（Demsetz，1967）。股权激励制度奠定了人力资本所有者与财务资本所有者一起分享企业剩余价值的制度基础，在一定程度上解决了不同资源投入者——异质性股东的目标耦合问题。

（2）管理理论：分层管理。分层股权激励制度的理论基础可以回溯至管理学的分层次管理理论。根据马斯洛的需求理论，不同层次员工的需求是不一样的，比如新员工及家庭经济负担过重的员工往往需要更多的现金开支；大多数主管的家庭责任则需要他们更加关心职业保障和社会保险；而中层管理人员的薪酬与福利激励一般会出现边际递减效应，他们更关注职业发展和职业能力提升。赫茨伯格的双因素激励理论同样认为，满足各种需要所引起的激励深度和效果是不一样的，要调动人的积极性，不仅仅要注意物质利益和工作条件等外部因素，更重要的是要注意工作安排，量才录用，使之各得其所。从管理角度而言，虽然受管理目的和视野所限，不同管理者采用的管理技术、手段和方法没有绝对优劣之分，但存在客观上的层次性。唐建荣和傅国华（2017）认为，分层次管理的本质，在于管理者应能够精确识别管理对象的发展层次，并据此设计相应层次的管理手段和方法，针对不同层次的管理对象实施相应层次的有效管理，实现提高管理效率、减少因管理方法层次与管理对象发展层次的不对称而导致的管理资源浪费等问题。

（三）分层股权激励制度的基本分析框架

迄今为止，传统股权激励研究很少甚至没有考虑到不同员工的发展层次和发展目标，无差异的公司股权激励模式造成实务中股权激励实施效果不一的现象。契约理论和分层次管理理论表明，不同层次人力资本股权化应采用不同股权激励制度，这意味着公司股权激励制度方案应根据不同层次员工特点设计不同股权激励模式和机制，分层激励和管理。同时，作为一项整体制度，各层次股权激励模式并不是被割裂开的：一方面，公司管理者和其他员工的股权激励行为互动在一定程度上会影响股权激励效应，宋芳秀和柳林（2018）对我国 2014～2017 年 A 股上市公司的研究发现，当管理层持股达到较大比例时，不仅能有效缓解委托代理问题，而且由于管理层与公司利益深度绑定，应更加关注员工持股计划对其他员工的激励效应；另一方面，股权激励计划制订及其实施效果是一个随外界环境与公司战略变化的动态演化过程（张奇峰等，2018），作为公司应对内外环境的总体指导方针和规划，公司战略的选择不仅反映它根据自身主体地位与所处外界环境的互动，而且决定着内部各经营管理部门的具体决策行为，并因之决定着公司高管和员工的需求与数量结构，作为约束和激励制度的薪酬激励机制也随之变化（Shen et al.，2010；方军雄，2012；吴昊旻等，2018）。图 1 揭示了公司战略、分层股权激励制度与适配分层业绩考核指标设置之间的关系。

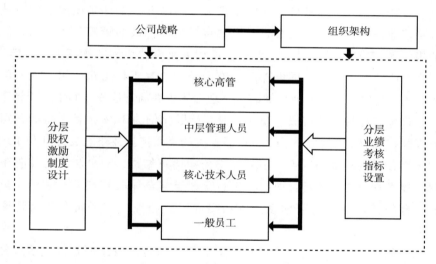

图 1　公司战略、分层股权激励制度及适配分层业绩考核指标设置图示

如图 1 所示，分层股权激励制度设计，应以公司战略目标为导向，协同各层次员工的权利义务关系，激励员工共创、共享公司价值：首先，需要考虑公司既定发展和竞争战略；其次，根据既定战略下组织分权程度和相应组织架构中不同工作岗位职责等将公司员工分为若干层次，如核心高管、中层管理人员、核心技术人员、一般员工等；再次，根据各层次员工管理重心和特点，设置不同的股权激励方式、股权激励期限和业绩考核指标等股权激励契约条款。需要进一步明确的是，组织业绩是其参与者行为的函数，个人行为依赖用于评价其自身效率的计量（桑德，2000），分层次管理最终反映的管理效果相应有所不同，故而分层股权激励业绩考核应能体现对激励对象行为效率差异性的识别，合理设置不同层次员工业绩考核指标，分层测试和考评员工，以实现对公司员工的有效管理。

三、美的集团分层股权激励制度及实施效果分析

（一）美的集团发展概况及公司治理特征

美的集团股份有限公司主要从事家用电器等家电行业生产经营，前身为顺德市美托投资有限公司，由广东美的集团股份有限公司工会委员会和何享健等 21 名公司高管于 2000 年 4 月共同投资组建，初始注册资本为人民币 10368660 元，其中工会委员会持股 22.90%，何享健等 21 名公司高管持股 77.10%。家电行业市场竞争激烈，2010 年以前，受家电内需政策推动及海外经济逐步复苏影响，行业呈现持续高速增长态势，但自 2011 年起，在行业政策、宏观调控等因素影响下，行业增速逐步放缓，整体面临结构调整、产业转型升级和发展方式转变压力。2012 年，美的集团成功完成从公司创始人管理到职业经理人管理的交接，方洪波接任何享健成为董事长和总裁，但何享健拥有美的集团 56.59% 的现金流权，对职业经理人具有约束和制衡权力。2013 年 9 月，美的集团换股吸收合并广东美的电器股份有限公司实现整体上市，用于换股的发行股份数为 686323389 股，创始人何享健的分享理念体现在高管股权分布上：以董事长方洪波为首的七位核心高管合计持股 16000 万股，持股比例为 16%，骨干持股公司宁波美晟电器有限公司拥有 3% 的股份。上市以后，美的集团依据战略发展特点和组织结构特征，创新运用分层股权激励制度，不断完善公司治理结构，充分激发全体骨干员工潜能，搭建了技术骨干层、经营管理层、核心管理层与全体股东利益一致的、短期和长期激励相结合的特色激励约束体系，成功实现职业经理人管理向合伙人管理的转型发展。

从公司治理特征看，美的集团股权相对分散，高管持股比例较大，通过分层股权激励制度在控制权配置方面实现了对关键性资源使用权的重视，公司治理模式具有显著的"董事会中心主义"特征，其董事会控制机制特征主要如下。

第一，董事长与总裁两职合一。美的集团自上市以来，一直由方洪波兼任董事长和总裁两职。多数研究表明，两职兼任容易导致权力过度集中，一方面可能会使企业最高决策层在决策过程中具有短视性，另一方面可能会由于缺乏对最高管理层的制约而导致决策随意化。然而，美的集团实际控制人是何享健，董事长和总裁则由职业经理人方洪波兼任。这种安排不仅避免通常情况下因两职兼任缺少职业经理人而带来的现代管理缺失；而且两职合一给予管理层更大的权力和信心，有利于管理层与董事会的沟通以及准确理解股东的需求和利益，有效发挥职业经理人的优势作用（Krause and

Semadeni，2013）；同时，合伙人持股等股权激励计划的实施，一定程度上绑定了高管与企业利益，有效制约了高管的短视行为。我国相关研究亦表明，由于部分高管短视性的存在，两职兼任更有利于发挥 CEO 激励机制对企业研发的驱动作用（夏芸和唐清泉，2008；王玉霞和孙治一，2019）。

第二，分层股权激励制度基本确立。利用包括合伙人持股计划在内的分层股权激励制度，构建了股东与核心管理层、核心技术人员等多层次员工利益共享的长期激励与约束机制。这不仅成功绑定了员工与公司利益，而且有效降低了公司经营对管理层特定个人关键性资源的依赖，在抑制管理层机会主义行为、维护公司控制权稳定等方面发挥了重要作用。

（二）美的集团分层股权激励制度

2014 年以来，美的集团陆续推出不同种类的股权激励计划，尝试根据不同对象的激励约束性、出资风险承受能力等特征构建分层股权激励方案并设置相应业绩考核指标，至 2017 年开始初步形成面向不同层级员工的分层股权激励制度。表 1 列示了美的集团分层股权激励制度的激励要素。

表 1　2014～2019 年美的集团各期分层股权激励计划发布时间及激励对象概要

分层股权激励计划		激励方式	发布时间	激励人数（人）					有效（存续）期（年）	
				高管	事业部经理	中层	业务技术骨干	合计	锁定期	行权、解锁、归属期
股票期权激励计划	首期	股票期权	201401	2			691	693	1	4
	第二期		201504	1			737	738	1	4
	第三期		201605	0			931	931	1	4
	第四期		201703	0			1476	1476	1	3
	第五期		201803	0			1341	1341	2	4
	第六期		201904	0			1150	1150	2	4
限制性股票激励计划	第一期	限制性股票	201703	2		138		140	1	3
	第二期		201803	3		341		344	2	4
	第三期		201904	1		450		451	2	4
合伙人持股计划	全球合伙人持股计划 首期	业绩股票	201503	8	23			31	1	5
	首期（修）		201603	6	9			15	1	3
	第二期		201603	6	9			15	1	3
	第三期		201703	5	10			15	1	3
	第四期		201803	7	13			20	1	3
	第五期		201904	5	11			16	1	3
	事业合伙人持股计划 第一期	业绩股票	201803	2	48			50	1	3
	第二期		201904	2	43			45	1	3

资料来源：根据美的集团各期股权激励计划整理。

如表 1 所示，美的集团自 2017 年开始股权激励计划分为三个层次，分别针对经营"一线"业务技术骨干、中层管理者和核心管理团队。

（1）股票期权激励计划。美的集团的股票期权激励计划自 2014 年发布首期，截至 2019 年 5 月已发布六期。本着向经营"一线"倾斜、向产品与用户相关的业务技术骨干倾斜的原则，激励对象侧重于研发、制造、品质、用户与市场、供应链等方面的业务技术骨干，与其他两种激励计划相比，激励对象人数较多，覆盖面较广。

（2）限制性股票激励计划。从出资能力上看，中层管理者一般强于一线业务技术骨干人员，因此美的集团实施限制性股票激励计划的激励对象主要为集团中层管理者，即对经营单位和部门承担主要管理责任的管理人员及对公司经营业绩和未来发展有直接影响的其他管理人员，截至 2019 年 5 月共推出三期，股票来源为定向发行新股，资金由员工自筹。

（3）合伙人持股计划。设计合理的合伙人制度，有助于非财务资源控制权的契约化和法律化，不仅能够有效发挥管理层股权激励作用，而且有助于发挥控制权风险防御作用。2015 年，美的集团开始推出合伙人持股计划，至 2019 年 5 月共推出五期全球合伙人持股计划，标志着美的集团合伙人时代的到来。鉴于公司核心管理团队是保障公司战略执行、业绩提升的决定性力量，全球合伙人持股计划的参加对象为对公司整体业绩和中长期发展具有重要作用的核心管理人员，主要是公司总裁及总经理级别高管与事业部经理。2018 年，随着美的集团合伙人制度的进一步升级，美的集团又推出事业合伙人持股计划。自此，美的集团合伙人持股计划分为两类：全球合伙人持股计划和事业合伙人持股计划。美的集团的合伙人持股计划本质为业绩股票，旨在通过分享公司业绩增长收益深度绑定高管，通过持股计划安排以及合伙人特质长期化激励效应，实现责任共担、价值共享。合伙人持股计划从公司利润中计提专项基金，由专业资产管理机构管理，从二级市场购买股票，最终根据公司业绩考核结果分期发放给持股人。

（三）美的集团分层股权激励制度的激励效应

作为一种公司治理机制，长期股权激励制度的激励效应主要表现在改善经营绩效、降低代理成本、促进创新以及降低离职率等方面，进而促使公司长期稳定发展。

（1）美的集团 2013～2018 年经营业绩及其发展趋势。图 2 揭示了美的集团 2013～2018 年营业收入增长率和净利润增长率变动情况。如图 2 所示，与家电行业龙头格力电器和海尔电器相比，美的集团具有较强的抗风险能力和稳定发展能力：2015 年美的集团净利润增长开始进入稳定期；在 2015 年家电行业整体遇冷的环境下，2015 年美的集团营收增长下降幅度小于海尔电器和格力电器；在 2017 年经济回暖环境下，美的集团营收增长上升幅度又高于海尔电器和格力电器。图 3 列示了美的集团 2013～2018 年的经营业绩，美的集团较强的抗风险能力和稳定发展能力引致图 3 所示美的集团经营业绩及盈利能力的良性发展：美的集团自 2013 年以来总体经营业绩发展趋势良好，资产总额、营业收入以及净利润均出现明显上升趋势，且净利润与经营活动产生的现金流量净额差额较小，利润质量较好。从美的集团与同行业格力电器及海尔电器的加权平均净资产收益率指标比较来看，美的集团总体保持了相对稳定的盈利能力。

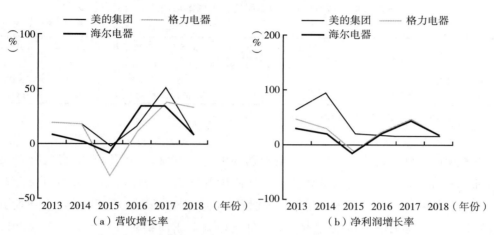

图 2 2013~2018 年美的集团、格力电器、海尔电器发展能力比较

资料来源：根据美的集团、格力电器、海尔电器 2013~2018 年财务报告中的数据计算整理。

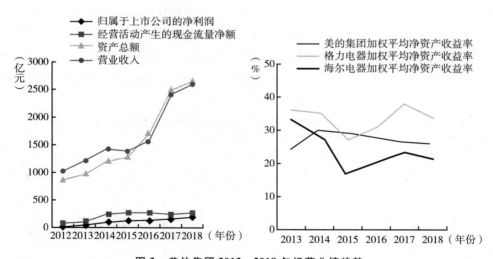

图 3 美的集团 2013~2018 年经营业绩趋势

资料来源：根据美的集团、格力电器、海尔电器 2013~2018 年财务报告中的数据计算整理。

（2）代理成本和创新激励效应。所有权与经营权分离带来的重要成本之一，即由于股东与管理者信息不对称而产生的代理成本，具体表现为管理费用等管理者可控和酌量费用的增加，故许多实证研究中多以管理费用与营业收入的比例来衡量代理成本的高低。表 2 列示了美的集团 2012~2018 年的代理成本与创新激励效应。如表 2 所示，美的集团在 2014 年开始实施股权激励计划后，代理成本不降反升，而在 2017 年分层股权激励制度初步形成之后，管理费用率开始下降。

表 2　2012～2018 年美的集团的代理成本与创新激励效应

单位：%

指标	2012 年	2013 年	2014 年	2015 年	2016 年	2017 年	2018 年
管理费用率	5.78	5.57	5.29	5.38	6.05	3.98	3.69
研发投入与营收比		3.2	3.8	3.8	3.52	3.78
研发投入环比增长率			16.17	14.88	40.23	15.72

资料来源：根据美的集团 2012～2018 年财务报告中的数据计算整理。

　　股权激励计划对企业创新的影响具有两面性：一方面，创新固有的高风险和长期性特征，使得兼具容忍短期风险和注重长期激励的股权激励计划成为激励创新行为的理想方式；另一方面，股权激励使得管理层薪酬与资本市场股价相互绑定，又可能引致管理层因规避风险而减少研发行为，进而可能抑制企业创新动力。从表 2 所示 2012～2018 年研发投入与营收比和研发投入环比增长率看，美的集团研发投入连年上升，在 2017 年分层股份激励制度初步形成当期甚至比前一年增长 40.23%。其研发投入与营收比虽然一直在 5% 以下，但作为家电业的白电龙头，美的集团的研发投入与营收比相对于海尔电器的甚至是白电业近五年 2.95% 的均值不算太低。

　　（3）美的集团离职率变化。股权激励的重要目的之一是吸引和保留核心人才，表 3 列示了 2014～2018 年美的集团股权激励对象离职人数以及个人业绩考核不合格人数。

表 3　2014～2018 年美的集团股权激励对象离职人数及个人业绩考核不合格人数汇总

分层股权激励计划		时间	授予人数（人）	离职人数（人）	离职人数占授予人数比例（%）	个人业绩考核不合格人数（人）
股票期权激励计划	首期	2014～2018 年	693	175	25.25	17
	第二期	2015～2018 年	738	184	24.93	12
	第三期	2016～2018 年	931	81	8.70	14
	第四期	2017～2018 年	1476	122	8.26	15
	第五期	2018 年	1341	130	9.69	—
限制性股票激励计划	第一期	2017～2018 年	195	20	10.26	18
	第二期	2018 年	344	19	5.52	28
合伙人持股计划	第一期	2017～2018 年	15	2	13.33	—
	第二期	2018 年	15	2	13.33	—

资料来源：根据美的集团各期股权激励计划及相关临时公告整理。

　　如表 3 所示，截至 2018 年，美的集团股权激励方案中对应激励对象离职率出现显著下降态势。此外，如表 1 所示，美的集团股票期权激励计划与限制性股票激励计划在 2018 年后均将等待（锁定）期由 1 年延至 2 年，离职率也相应大幅降低，一定程度上印证了肖淑芳等（2016）的论断：股权激励设置的等待期无形中会增加管理者的离职成本，从而降低管理者离职率。

四、美的集团分层股权激励实践的主要启示

（一）始终重视股权激励制度设计与公司战略及组织结构特征的统一

公司战略影响高管激励，不同战略下的高管薪酬结构存在显著差异（Singh and Agrawal，2002）。美的集团的发展战略为"从要素驱动模式向效率驱动经营模式转变，通过管理效率、制造效率及资产效率提升，打造效率驱动下的新成本竞争优势"，技术效率是防御型战略成功实施的关键，适用于较为稳定的行业，美的集团的发展战略中体现出明显的低成本和防御型战略定位，其分层股权激励制度的契约条款设计，不管是激励方式还是业绩指标选择，也体现了该战略的深刻影响。

美的集团的低成本和防御型战略具体体现为"产品领先、效率驱动、全球经营"。"产品领先"，意味着研发、制造、品质、用户与市场、供应链等方面的一线基层业务技术骨干员工具有不可替代的重要性，由此美的集团自 2014 年开始实施如表 1 所示面向基层业务技术骨干员工的股票期权激励计划，该类计划除了首期和第二期分别涉及高管 2 人和 1 人外，自第三期起全部面向基础一线业务技术骨干；受"效率驱动"引导，2017 年美的集团主要面向各经营单位中层管理人员实施限制性股票激励计划，绑定中层管理人员利益，旨在促进和提升中层管理工作效率。

新时代经济环境下，公司战略发展与经营管理核心是组织再造与企业创新，美的集团意图打造具备开放、进取、激情、奋斗、敬业与超强执行力特质的"创业公司"和有事业冲动特质的"新公司"，与该战略相适应，美的集团采取扁平、高效、精简的"小公司"集团组织架构，深化"全球经营"，表 4 列示了美的集团战略引领下的财务表现特征。

表 4　美的集团具有战略特征的财务表现

单位：百万元

指标		2013 年	2014 年	2015 年	2016 年	2017 年	2018 年
长期股权投资	母公司	16961	16549	23127	23059	24541	28236
	集团公司	912	952	2888	2212	2634	2713
	母公司对控股公司投资	16048	15597	20238	20847	21907	25523
母公司应收票据及应收账款		2177	694	727	0	0	0
母公司应付票据及应付账款		7.8	2.7	9.4	0	0	0
母公司存货		0	0	0	0	0	0
母公司销售费用		0	0	0	0	0	0

续表

指标	2013 年	2014 年	2015 年	2016 年	2017 年	2018 年
母公司销售商品、提供劳务收到的现金	0	0	0	0	0	0
母公司净利润	5031	6202	6567	9579	10778	11969
母公司投资收益	4946	6518	7107	9853	10214	9720

资料来源：根据美的集团 2013~2018 年财务报告整理。

如表 4 所示，集团公司将生产经营权力逐步全面下放至控股子公司，至 2016 年，母公司经营性应收应付项目以及存货项目余额全部为零，"销售费用"和"销售商品、提供劳务收到的现金"为零，净利润主要来自投资收益，这意味着美的集团高度分权，经营完全自主化。美的集团组织结构及其经营特征的成功转型，得益于其自 2015 年开始持续推进的合伙人持股计划，美的集团通过全球合伙人持股计划和事业合伙人持股计划赋予核心管理团队股权持有人相应权利和义务，不仅稳定了公司控制权，而且创新构建核心管理团队长期激励机制，长期绑定核心管理团队利益。截至 2019 年 4 月，美的集团持续五期的全球合伙人持股计划和两期事业合伙人持股计划激励高管和事业部经理 176 人次，有效弘扬了企业家精神并凝聚了一批具备共同价值观的事业带头人，成功推动了美的集团"职业经理人"向"合伙人"的转变。

（二）公司战略引致股权激励方式选择与理论研究出现差异

理论上看，股票期权和限制性股票在激励标的物、行权价格和时间、风险承担、权利与义务的对称、激励与惩罚的对称等方面均有所不同，激励本质存在显著差异，激励效果也大不一样，适用范围各异。我国制度背景下，股票期权与限制性股票均会受到考核业绩目标约束，约束与激励效应并存。但是对于股票期权而言，一方面，股票期权是一种不对等契约，被激励者可以自主选择是否行权，因而即使未达到业绩目标，被激励者也不会受到惩罚；另一方面，股票期权还受制于未来股价低于行权价格的可能性，不确定性较限制性股票强。而限制性股票是一种对等契约，激励对象在出资购买限制性股票后，需要在达到持有年限和业绩考核的双重要求后才能出售股票，未达到业绩目标时，被激励者则会受到惩罚。此外，当前我国公司对限制性股票的授予价格一般为市价的 50%，几乎相当于授予对象在授予日就获取了实值股票，风险较低，具有更好的人才保留效果。故而，当经理人行为对企业经营风险影响较大时，应授予经理人股票期权，目的是激励经理人承担风险，解决企业投资不足问题；而限制性股票更适合用于激励中层核心员工，以起到保留核心员工、稳定员工的激励目标（余海宗和吴艳玲，2015；肖淑芳等，2016）。

然而，如表 1 所示，美的集团的分层股权激励制度中采用的激励方式如下：业务技术骨干采用股票期权；中层管理者采用风险相对较低的限制性股票；合伙人高管采用业绩股票。显然，如果按照差异化战略，公司应注重激励高管创新并承担风险，但美的集团分层股权激励方式的选择与理论研究存在差异，这无疑体现了其防御型、低成本战略选择的影响。具体来讲，防御型战略公司通常具有业绩增长缓慢且波动性小、注重专有品种产品及服务、投资更加谨慎等特点，属于风险规避型。我国短牛长熊的股市背景，决定了股权激励计划实施过程中，股票期权价值对股价波动率的敏感度大于限制性股票，从而可能会使高管承受较大的风险。高管自身的风险态度差异会影响他们所感知的股权激励强度，继而影响激励效果（Hall and Murphy，2003），若授予厌恶风险的管理者股票期权，可能会导致激励效果下降。中国制度背景下，限制性股票的公允价值一般与股价正相关，其避免股价过度波动的风险规避激励效应可能更为直接，对于中层管理人员可能更为适宜。业绩股票则可被视为一种延迟发放的奖金，其发放视以后若干年业绩情况而定，具有长期激励效果，但激励成本较高，有可能造成契约支付现金压力，适用于业绩稳定型公司对经理人的激励。美的集团对合伙人的业绩股票形式，在其既定防御型低成本战略下，一方面，更好地体现了合伙人工作绩效与所获激励之间的直接联系；另一方面，业绩股票的获得仅与合伙人工作绩效相关，几乎不涉及股市风险等个人不可控因素，大大降低了合伙人风险；而合伙人最终获得的激励收益与股价相关的制度设计，则意味着合伙人长期利益风险与企业价值绑定；再加上业绩目标约束，权责利对称性较好，形成公司与合伙人的双赢格局。

（三）设置与分层股权激励相适配的分层业绩考核体系

美的集团各层次股权激励计划均采用综合业绩考核体系：公司层面业绩，激励对象所在经营部门层面业绩和个人层面绩效。表5列示了美的集团股权激励计划公司层面业绩考核指标。

表5　美的集团股权激励计划公司层面业绩考核指标对比

分层股权激励计划		有效(存续)期(年)	业绩指标设置
股票期权激励计划	首期	5	①以2013年为基期，各考核年度净利润环比增长率不低于15%；②各考核年度净资产收益率不低于20%
	第二期	5	①以2014年为基期，各考核年度净利润环比增长率不低于15%；②各考核年度净资产收益率不低于20%
	第三期	5	各考核年度净利润不低于前三个会计年度的平均水平
	第四期	4	各考核年度净利润不低于前三个会计年度的平均水平
	第五期	6	各考核年度净利润不低于前三个会计年度的平均水平
	第六期	6	各考核年度净利润不低于前三个会计年度的平均水平
限制性股票激励计划	第一期	4	各考核年度净利润不低于前三个会计年度的平均水平
	第二期	6	各考核年度净利润不低于前三个会计年度的平均水平
	第三期	6	各考核年度净利润不低于前三个会计年度的平均水平

续表

分层股权激励计划		有效（存续）期（年）	业绩指标设置
合伙人持股计划	全球合伙人 首期	6	①2015 年净利润增长率较 2014 年不低于 15%；②2015 年加权平均净资产收益率不低于 20%
	首期（修）	4	①2015 年净利润增长率较 2014 年不低于 15%；②2015 年加权平均净资产收益率不低于 20%
	第二期	4	2016 年加权平均净资产收益率不低于 20%
	第三期	4	2017 年加权平均净资产收益率不低于 20%
	第四期	4	2018 年加权平均净资产收益率不低于 20%
	第五期	4	2019 年加权平均净资产收益率不低于 20%
	事业合伙人 第一期	4	2018 年加权平均净资产收益率不低于 20%
	第二期	4	2019 年加权平均净资产收益率不低于 20%

资料来源：根据美的集团各期股权激励计划整理，净利润均指归属母公司股东的净利润。

实践中防御型战略公司多以财务业绩标准为主，强调短期目标（高梦捷，2018）。如表 5 所示，虽然美的集团对不同层次员工设置的公司层面业绩考核指标存在较大差异，且行权有效期长短也有所不同，但各层次股权激励业绩指标均为财务业绩，凸显了防御型公司战略定位的影响：全球合伙人持股计划在首期采用了加权平均净资产收益率与净利润增长率两个指标之后，从第二期开始仅采用加权平均净资产收益率，该指标综合性强，反映了对公司高管全方位管理业绩的综合考量，业绩考核期为一年；股票期权激励计划在第一期和第二期也同时采用了净利润环比增长率和净资产收益率两个指标，但从第三期开始和限制性股票激励计划一样均采用"各考核年度净利润不低于前三个会计年度的平均水平"这一净利润业绩指标。三种层次股权激励之业绩考核指标的变化，显示出美的集团不同层次股权激励适配不同业绩考核指标理念的初步形成。

从业绩目标设置看，美的集团均低于公司历史基准。股权激励契约的主要业绩目标要较公司历史基准或行业平均水平高，才有助于推动业绩目标实现（戴璐和宋迪，2018）。美的集团股权激励计划的业绩考核目标设置带有一定福利性特征。与此同时，美的集团使用综合业绩考核体系全面评价激励对象工作绩效的做法，又在一定程度上弥补了上述缺陷，表 6 列示了美的集团 2013～2018 年公司层面业绩考核指标实际情况，美的集团各层次股权激励计划业绩考核如表 6 所示各年均达标，但也存在如表 3 所示因个人业绩考核不合格而不能行权的情况。

美的集团虽然初步形成针对核心高管合伙人持股计划设置加权平均净资产收益率、针对中层管理人员和业务技术骨干设置净利润环比增长率的分层业绩考核体系，并沿用了现行防御型战略业绩指标的选用特点，然而，其分层业绩考核指标设置还有待进一步完善：第一，防御型战略的核心是效率提升，美的集团股权激励方案缺乏考核

表 6　美的集团 2013～2018 年公司层面相关业绩考核指标情况

指标	2013 年	2014 年	2015 年	2016 年	2017 年	2018 年
净利润(百万元)	5317	10502	12707	14684	17284	20231
净利润环比增长率(%)	—	97.50	20.99	15.56	17.7	17.05
加权平均净资产收益率(%)	24.87	29.49	29.06	26.88	25.88	25.66

资料来源：根据美的集团 2013～2018 年财务报告中的数据计算整理。

效率的业绩指标；第二，没有严格区分中层经理人员与业务技术骨干的业绩考核标准；第三，净收益指标对于中层经理来说是一个效用低微的激励方式（桑德，2000），并且对于市场竞争激烈行业并不恰当（诸波和干胜道，2015）；第四，业绩目标设置未能考虑到相对业绩评价以屏蔽管理层不能控制的噪音影响，不能不视之为一大欠缺。

五、分层股权激励制度下业绩考核指标分层设置的建议

美的集团的分层股权激励制度建设实践表明，公司战略在股权激励制度建设中起到主导作用，公司在制订股权激励计划时，应以公司依据所处经济环境选择的自身发展战略为立足点，依据不同激励对象特点，理性选择股权激励方式。我国上市公司股权激励制度，近年来存在风险规避及福利化倾向（辛宇和吕长江，2012；李朝芳，2018），有效的分层股权激励制度以战略目标为导向，不仅股权激励方式和期限应因层制宜，相应业绩考核指标亦应能反映各层级激励对象可控因素和努力程度，具有协同性。股权激励的激励、控制与约束作用必须依靠对不同层次激励对象的合理业绩评价才能落到实处。对各层激励对象通过适配业绩目标分别实施相应业绩评价与管理，不仅可以督促和激励各层级员工在各自岗位上尽职尽责、发挥主观能动性，而且可以通过业绩指标设置向各层级员工传达公司核心价值观，促使全体员工为共同战略目标努力工作。

（一）分层股权激励制度下业绩指标分层设置导向：战略目标与决策观

业绩评价指标与经营战略的一致性会影响企业业绩（Vander Stede et al.，2006），业绩评价是企业经营管理目标得以实现的制度安排，企业战略经营目标定位和管理理念决定着企业业绩评价的原则和内容，是判断业绩评价决策控制和影响的导向性功能正确发挥与否的重要标准（张蕊和于海燕，2016）。业绩评价并非单纯的奖惩工具，无论是财务业绩指标还是非财务业绩指标，其决策用途的重要性都要高于控制用途（杨玉龙等，2014）。行为理论认为，人类本性决定一般情况下企业各级员工会选择使他们业绩评价最优化和报酬最大化的决策。故而，作为评判员工行为结果优劣的业绩指标体系的相关性和精确性至关重要。公司内部股权持有人的行为结果应有助于公司长期发展战略目标的实现，相应分层持股业绩考核指标的设定，作为公司战略实施工具，

应与各层级员工行为决策观结合，以公司战略目标为导向，通过业绩指标设置中体现的行为与结果的因果关系，促进全体员工向共同的战略目标努力。美的集团的分层业绩指标设置，应体现公司重在提升管理效率、制造效率和资产效率的防御型战略目标以及由此带来的决策导向，以收益指标为主的现行业绩考核指标显然无法恰当评价"效率驱动下的新成本竞争优势"目标的完成情况。

（二）分层股权激励制度下业绩指标分层设置的核心：分层控制

一方面，现代企业委托代理关系体现了所有权与管理权的分离，以及管理权与具体生产劳动运用资产过程的分离，分层股权激励之业绩指标分层设置，应当考虑不同层级代理关系。经理人持股在一定程度上解决了所有权与管理权分离的代理问题，而各层员工持股则在一定程度上解决了管理权与具体生产劳动运用资产过程分离的代理问题。各层员工掌控资源的专用性差异，意味着企业应依据不同资源所有者掌控资源的重要程度、稀缺性和努力程度，恰当处理控制权配置与利润分配，合理设计员工股权激励制度，不仅股权应坚持岗变股变、以岗定股的动态原则，其伴生的业绩考核指标，也应根据不同层级员工所控制和影响的资源和岗位职责设定，以激励、控制和约束员工行为。

另一方面，企业业绩指标的选用，不仅受战略目标和计划、市场竞争程度等外生环境因素影响，也会受组织设计影响（Ittner and Larcker，2001），分层股权激励之业绩指标分层设置，应当考虑组织分权程度带来的授权层级和可控范围。Hayek（1945）提出，组织的经济效率取决于权力与支持权力决策所需知识之间的匹配程度。为了激发代理人的才能和首创精神，有效的组织或将权力分配给具备相应知识的人，或培训有权力的人使之具备相应知识（Jensen and Meckling，1995）。组织通过分权，使不同层级的管理者和员工在不同授权范围内，关注不同层面的经营问题：高管关注战略层面问题；中低层管理者在授权范围内根据不断变化的市场环境迅速做出日常经营决策；普通员工根据授权进行相应具体生产行为。组织分权本质上是一种契约，其执行机制不仅需要包括决策权力安排机制，而且为了防止分权必然产生的代理问题，在代理人行使执行权时，组织需要构建相应如业绩评价等控制机制，以引导代理人行为与组织目标趋向一致。

股权激励制度中考核业绩指标的设置，不仅仅是用于衡量企业各层级激励对象努力程度的制度安排，更是股东对经营者、经营者对组织内部层层递进实施行为控制的重要机制，对各级经营者的业绩评价应能内化并制度化为各级经营者的内部经营决策和管控体系。当前企业业绩评价正处在从结果导向的评价向过程导向与结果导向融合的评价转变的阶段：结果导向的业绩评价，体现的是业绩评价的结果理性，是对企业业绩形成结果进行管理的评价；过程导向的业绩评价，体现的是业绩评价的程序理性，是对企业业绩形成过程管理的恰当与否进行的评价（张蕊，2015）。分层股权激励制度的适配业绩考核指标，应综合考虑企业高管、中层管理者、业务技术骨干等各级员工行为对企业决策及其执行结果的影响，建立目标协同一致的综合业绩考核体系，将业绩评价的程序理性与结果理性有机结合，以业绩评价引导企业决策制定和执行转向注重实现战略目标的驱动因素管理，减少企业财务业绩的盈余管理和操纵行为，鼓励企业创新等决定企业长期发展的行为。

具体而言，以公司战略为引导，首先，以结果理性为目标针对公司核心高管设定综合性指标如净资产收益率、总资产收益率、总资产周转率等，评价和考核公司高管决策及其行动结果是否符合预期的效益、效率目标；其次，以程序理性为基础，充分考虑影响公司战略目标实现的业绩驱动因素，针对各层次员工如中层经理和核心业务技术骨干，合理设置基于过程导向的财务与非财务业绩相结合的考核指标体系，如反映产品质量、市场占有、成本费用等的相关指标，分类分层考核，科学评价公司经营过程中各种业绩驱动因素，实现公司经营的全程管控。从美的集团现状看，不仅考核高管的加权平均净资产收益率和考核中层经理与业务技术骨干的净利润环比增长率没有精确体现公司战略导向，而且层级间尚未能形成具有因果关系的反映过程的指标体系，未来随实践发展有待进一步探索完善。

参考文献

陈文强，贾生华. 2015. 股权激励存在持续性的激励效应吗？——基于倾向得分匹配法的实证分析. 财经论丛，9：59-68.

戴璐，宋迪. 2018. 高管股权激励合约业绩目标的强制设计对公司管理绩效的影响. 中国工业经济，4：117-136.

方军雄. 2012. 高管超额薪酬与公司治理决策. 管理世界，11：144-155.

高梦捷. 2018. 公司战略、高管激励与财务困境. 财经问题研究，3：101-108.

姜英兵，于雅萍. 2017. 谁是更直接的创新者？——核心员工股权激励与企业创新. 经济管理，3：109-127.

靳亭亭. 2018. 竞争战略、高管股权激励与企业研发投入. 财会通讯，3：23-26.

李朝芳. 2018. 混合所有制改革背景下的国有企业股权激励：理论与实务. 财会月刊，8：65-71.

李丹蒙，万华林. 2017. 股权激励契约特征与企业创新. 经济管理，10：156-172.

林大庞，苏冬蔚. 2011. 股权激励与公司业绩——基于盈余管理视角的新研究. 金融研究，9：162-177.

陆嵘，王辉. 2003. 建立多层次股权激励机制，推进实施国有企业人力资本股权化. 东华大学学报（社会科学版），4：47-50.

罗付岩，沈中华. 2013. 股权激励、代理成本与企业股权投资效率. 财贸经济，2：146-156.

吕长江，张海平. 2011. 股权激励计划对公司投资行为的影响. 管理世界，11：118-126.

吕长江，郑慧莲，严明珠，许静静 . 2009. 上市公司股权激励制度设计：是激励还是福利 . 管理世界，9：133 – 147.

宋芳秀，柳林 . 2018. 上市公司员工持股计划：实施动机、方案设计及其影响因素 . 改革，11：88 – 98.

宋玉臣，乔木子，李连伟 . 2017. 股权激励对上市公司投资效率影响的实证研究 . 经济纵横，5：105 – 111.

唐建荣，傅国华 . 2017. 层次哲学与分层次管理研究 . 管理学报，3：317 – 324.

汤萱，谢梦园，许玲 . 2017. 股权激励、制度环境与企业资本投资效率 . 金融经济学研究，4：70 – 81.

田轩，孟清扬 . 2018. 股权激励计划能促进企业创新吗 . 南开管理评论，3：176 – 190.

童长凤，杨宝琦 . 2019. 加强核心员工股权激励能提升公司绩效吗 . 经济经纬，1：118 – 125.

汪健，卢煜，朱兆珍 . 2013. 股权激励导致过度投资吗？——来自中小板制造业上市公司的经验证据 . 审计与经济研究，5：70 – 79.

王玉霞，孙治一 . 2019. 领导权结构和 CEO 激励对企业创新的影响——基于战略新兴产业上市公司的经验数据 . 经济问题，1：60 – 67.

吴昊旻，墨沈微，孟庆玺 . 2018. 公司战略可以解释高管与员工的薪酬差距吗？. 管理科学学报，9：105 – 117.

夏恩·桑德 . 2000. 会计与控制理论 . 方红星等，译 . 大连：东北财经大学出版社 .

夏芸，唐清泉 . 2008. 我国高科技企业的股权激励与研发支出分析 . 证券市场导报，10：29 – 34.

肖淑芳，石琦，王婷，易肃 . 2016. 上市公司股权激励方式选择偏好——基于激励对象视角的研究 . 会计研究，6：55 – 62.

辛宇，吕长江 . 2012. 激励、福利还是奖励：薪酬管制背景下国有企业股权激励的定位困境——基于泸州老窖的案例分析 . 会计研究，6：67 – 75.

杨华，宋常 . 2016. 员工股权激励范围与公司经营绩效 . 当代财经，12：109 – 118.

杨慧辉，潘飞，马二强 . 2018. 异质设计动机下的股权激励对产品创新能力的影响 . 科研管理，10：1 – 11.

杨玉龙，潘飞，张川 . 2014. 上下级关系、组织分权与企业业绩评价系统 . 管理世界，10：114 – 135.

于换军 . 2018. 核心技术员工激励与公司绩效 . 金融评论，1：87 – 99.

余海宗，吴艳玲 . 2015. 合约期内股权激励与内部控制有效性——基于股票期权和限制性股票的视角 . 审计研究，5：57 – 67.

张奇峰，冯琪，陈世敏，戴佳君 . 2018. 股权激励计划修订的动因与后果——以神州泰岳为例 . 会计研究，8：9 – 56.

张蕊 . 2015. 论新常态下程序理性与结果理性有机融合的企业业绩评价 . 会计研究，10：89 – 92.

张蕊，于海燕 . 2016. 企业经营业绩评价综述：理论、方法与展望 . 当代财经，11：106 – 116.

周仁俊，杨战兵，李礼 . 2010. 管理层激励与企业经营业绩的相关性——国有与非国有控股上市公司的比较 . 会计研究，12：69 – 75.

诸波，干胜道 . 2015. 市场竞争程度、经营战略与业绩评价指标选择 . 会计研究，2：51 – 57.

朱砚秋，杨力 . 2017. 股权激励：是高管独享还是全员持股？. 财会通讯，18：80 – 85.

Aboody, D., B. Johnson, & R. Kasznik. 2010. Employee stock options and future firm performance: Evidence from option repricings. *Journal of Accounting and Economics*, 50 (1): 74 – 92.

Cheng, S. J. 2004. R&D expenditures and CEO compensation. *The Accounting Review*, 79 (2): 305 – 328.

Demsetz, H. 1967. Toward a theory of property rights. *American Economic Review*, 57 (2): 347 – 359.

Grossman, S. J., & O. D. Hart. 1983. An analysis of principal – agent problem. *Econometrica*, 51 (1): 7 – 45.

Hall, B. J., & K. J. Murphy. 2003. The trouble with executive stock options. *Journal of Economic Perspectives*, 17 (3): 49 – 70.

Hayek, F. A. 1945. The use of knowledge in society. *The American Economic Review*, 4: 519 – 530.

Holmstrom, B. 1979. Moral hazard and observability. *Bell Journal of Economics*, 10 (1): 74 – 91.

Ittner, C. D., & D. F. Larcker. 2001. Assessing empirical research in managerial accounting: A value – based management perspective. *Journal of Accounting & Economics*, 32: 349 – 410.

Jensen, M. C., & W. H. Meckling. 1976. Theory of the firm: Managerial behavior, agency costs and ownership structure. *Journal of Financial Economics*, 3 (4): 305 – 360.

Jensen, M. C., & W. H. Meckling. 1995. Specific and general knowledge, and organizational structure. *Journal of Applied Corporate Finance*, 8 (2): 4 – 18

Krause, R., & M. Semadeni. 2013. Apprentice, departure, and demotion: An examination of the three types of CEO – Board Chair separation. *Academy of Management Journal*, 56 (3): 805 – 826.

Shen, W., R. J. Gentry, & H. L. TosiJr. 2010. The impact of pay on CEO turnover: A test of two perspectives. *Journal of Business Research*, 63 (7): 729 – 734.

Singh, P., & N. C. Agrawal. 2002. The effects of firm strategy on the level and structure of executive compensation. *Canadian Journal of Administrative Sciences*, 19 (1): 42 – 56.

Vander Stede, W. A., C. W. Chow, & T. W. Lin. 2006. Strategy, choice of performance measures, and performance. *Behavioral Research in Accounting*, 18 (1): 185 – 205.

Study on Hierarchical Equity Incentive System and Corresponding Performance Indicator Setting under the Guidance of Strategy: Based on Equity Incentive Practice of Midea Group

Zhaofang Li

Abstract: The decentralization of ownership structure brings about the transfer of control right allocation center to key resource owners, which results in the change of corporate governance model, as an internal corporate governance mechanism, the equity incentive system has become an important system to coordinate heterogeneous shareholders.

According to the theory of enterprise contract and hierarchical management, equity incentive contract should design the heterogeneous terms according to the characteristics of incentive objects at different levels, and establish equity incentive system for different resource owners. Midea Group's hierarchical equity incentive system has achieved initial results. and its practice shows that, oriented by corporate strategy, set up a hierarchical employee equity incentive system for employees of different levels and adapt to hierarchical performance indicators, can make equity incentive system play more important role in its effective incentive, constraint and control over employees of company through precise hierarchical equity incentive management, thus enhancing corporate performance.

Keywords: Hierarchical Equity Incentive; Corporate Strategy; Performance Indicator; Midea Group

第 19 卷，第 1 辑，2020 年
Vol. 19，No. 1，2020

会 计 论 坛
Accounting Forum

基于认知合理化的会计舞弊治理：
研究基础与框架策略*

陈邑早　　陈　艳　　于洪鉴

【摘　要】作为现代公司治理架构中理论探讨与实践应用程度最高的会计舞弊动因理论，舞弊三角理论清晰地指出，压力、机会和合理化共同构成会计舞弊治理的三大要素。但在过去的治理实践中，对合理化因素的忽视导致传统会计舞弊治理机制存在巨大缺陷，因而不可避免地引致会计舞弊治理的"短板效应"。有鉴于此，本文从舞弊三角理论所折射出的治理逻辑出发，审视合理化因素在会计舞弊治理中的应用价值，并尝试找寻现阶段会计舞弊行为合理化研究的困境所在，即理论研究基础缺失、识别与度量障碍及合理化治理策略匮乏。为解决上述问题，本文主要进行了如下两方面工作：其一，基于多学科领域的知识成果夯实合理化会计舞弊治理的研究基础；其二，以理论与经验证据为依托，结合实践情景，构建并延伸出相应的框架策略。上述探讨将有助于推动合理化会计舞弊治理领域的发展，促进会计舞弊治理三要素协同发挥出有效的治理合力。

【关键词】会计舞弊治理；认知合理化；舞弊三角理论

收稿日期：2019－09－15

基金项目：国家社会科学基金项目（15BGL055）；中央高校基本科研业务经费项目（2019JKF702）；教育部人文社会科学基金项目（20YJA630007）

作者简介：陈邑早，男，东北财经大学会计学院博士研究生；陈艳，女，东北财经大学会计学院教授，中国内部控制研究中心研究员；于洪鉴（通讯作者），男，中国人民公安大学公安管理学院博士后，hongjian316@163.com。

* 作者感谢审稿人对本文的宝贵意见，但文责自负。

一、会计舞弊行为合理化的理论缘起、会计舞弊治理价值与治理困境

会计舞弊问题一直以来以其高发性、高危害性和高隐蔽性成为公司治理领域久治不愈的"毒瘤"。为此，学术界和实务界一直以来互通互融致力于寻求会计舞弊成因及其治理的"良方"。可以说，自现代公司治理架构产生以来，有关会计舞弊形成的动因理论中，学术探讨与实践应用程度最高的便数 Albrecht 等（1995）所提出的舞弊三角理论。舞弊三角理论清晰地界定出会计舞弊行为产生的三大条件，即压力、机会与合理化，此三者因此成为世界各国监管机构提请注册会计师关注的要素。具体而言，压力因素是指刺激个体为其自身利益实施舞弊行为的先决动因，机会因素则指能够为行为人提供具有隐蔽性且大概率逃避惩罚的舞弊路径，而合理化因素则指行为人需要引证虚假托词来指称行为合理的借口和理由。自此，合理化因素正式作为一种理论工具而被纳入会计舞弊形成机理的解释范畴之中。

更为重要的是，舞弊三角理论为合理化因素在会计舞弊行为中的治理作用，提供了清晰的治理逻辑和治理框架。如图 1 所示，压力是诱发行为人产生舞弊行为倾向的先决动因，在此基础之上，行为人想要实施舞弊会受到双重防线的约束：一方面，受制于外在监管与企业内部控制制度形成的外部硬约束；另一方面，自律于行为人内心的道德自我防线形成的内部软约束。双重防线中的任意机制有效均能保证会计舞弊行为得到合理抑制，但与之相对，机会与合理化则分别成为瓦解行为个体内外部双重防线的核心因素。正因如此，我国近年来不断围绕建设以内部控制制度为核心的外部约束机制，以期发挥出抑制会计舞弊机会、保证经济运行效率的作用。而出于某些原因，以合理化因素为基础，以行为人内部防线构建为导向的会计舞弊治理策略却在学术探讨及实践应用层面双双坐上了"冷板凳"。这不由得引发了笔者对合理化因素的理论形成及其应用价值进行反思：合理化因素能够对会计舞弊的治理产生独特且不可替代的治理价值吗？是什么原因导致该因素在会计舞弊治理的过程中陷入了理论与实践的双重困境？这些困境能够得到突破和解决吗？合理化视域又能否为传统的会计舞弊治理打开天窗，引入创新的治理策略呢？

上述问题引发本文从理论背后的治理逻辑再度审视。从实践诉求来看，以机会要素为基础的外部防线治理机制以其普适面广、实操性强而成为现阶段会计舞弊治理的核心路径，但应该承认，外部防线治理机制永远不会落座于治理效果评价链条的最顶端。因为，在现实情景中，较为完善的公司治理机制和内部控制机制需要依赖高昂的建构和维护成本，即便暂且不论成本门槛对公司治理水平的约束。在会计舞弊治理"道魔相长"的过程中，制度建设滞后于治理缺陷产出是其固有局限，绝对完善、不存漏洞的内控机制只是理想化的，科技发展、环境变迁强推外部防线治理机制完成一次

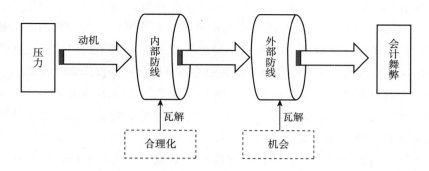

图 1   基于舞弊三角理论的会计舞弊治理框架

次从"破碎"到"重塑"的必然循环。自古以来，善治人者治心，缺乏人性化考量的治理机制，即便极尽完善，亦只是暂时性的。对上述问题的反思，推动会计舞弊治理研究逐步开始展开对行为人心理本源的探寻，将合理化因素纳入会计舞弊治理的考量范畴之中。

与此同时，近十年来的学术发展对基于合理化因素的会计舞弊治理方向兴起了新的研究势头，并给予了较高的价值肯定。美国注册舞弊审查师协会（Association of Certified Fraud Examiners，ACFE）主席 Wells（2004）指出，当呈现近乎一致的压力和机会时，为什么有的个体或组织会选择实施舞弊行为，而有的却不会，并由此呼吁展开关于合理化因素的舞弊行为探究。从某种程度而言，这代表合理化因素在舞弊行为决策中的解释力难以被其他因素所覆盖，具有独特且不可替代的治理价值。而 *Accounting*，*Organization and Society*（2012 年）、*Contemporary Accounting Research*（2014 年）、*Journal of Accounting Research*（2014 年）、*Journal of Business Ethics*（2011 年，2017 年）等国外会计学领域顶尖期刊开始陆续刊出基于合理化因素的会计舞弊决策机理及其控制策略的相关实验和规范研究，则预示着基于合理化因素的会计舞弊治理将是一个值得探寻的新兴视域。

由此而来，一个关键性问题自然引出：如果合理化因素能够对会计舞弊的治理产生独特且不可替代的治理价值，那么，是何原因导致该因素在会计舞弊治理过程中陷入理论与实践的双重困境呢？对这一问题的回答需要从合理化因素自身的基础属性入手。首先，合理化是一种潜藏于内的心理因素，将心理因素纳入会计舞弊治理的研究与应用初期会应然性地存在内涵不清、基础不实的障碍。纵使是舞弊三角理论，关于合理化因素的介绍亦是浅尝辄止，更不必说，在《美国注册会计师审计准则第 99 号——考虑财务报告中的舞弊》（SAS NO.99）以及《中国注册会计师审计准则第 1141 号——财务报表审计中对舞弊的考虑》中均以例证式的阐释为主。概括来说，至少在会计舞弊研究领域，在合理化因素的概念内涵、形成机理以及基本类型等奠基性内容上尚未形成扎实的研究基础。其次，合理化因素存在很强的识别与度量障碍，具体表现如下两个方面：（1）不论是在现实识别还是在实验测度中，合理化因素的捕捉需要依赖于宽口径的诱导机制让对方将内在心理感受以外在可记录的形式表达出来，这一过程既要依赖于有效的双方互动还涉及客观的内容分析，整体操作难度较高；（2）合理化因素的产生具有较强的情景依赖性（陈艳等，2017），因此在正常情景下，很难在文档研究中找到令人满意的代理变量。最后，亦是最为重要的是，基于合理化因素的会计舞弊治理极易让研究者和实务者产生一种"难以落地"的直觉，即在可预期的范围内难以产出可行的治理策略并发挥出有效的治理效应，而这种消极预期直接限制了学术工作者对前两方面障碍的积极探究和突破。

综上所述，上述治理困境能够得到解决和突破吗？基于合理化因素的会计舞弊治理又能否产出可行的治理策略？随着跨学科行为研究的知识融通与会计舞弊研究的不断深化，对上述问题的突破逐渐由可能转变为可行。本文后续将整合会计学、心理学、犯罪学、行为学、社会学等多学科领域成果，以形成和巩固合理化会计舞弊治理的研究基础。在此基础上，基于深化研究的领域成果，提出合理化视域下会计舞弊治理的创新策略，以澄清和矫正研究与实践中的直觉偏差，揭开合理化视域下会计舞弊治理的面纱。

二、多学科融通下合理化会计舞弊治理的研究基础

多学科知识体系的交叉融通推动着合理化会计舞弊治理基础的发展与完善，其中，部分研究基础实际上早已存续并形成普遍共识，但在会计舞弊治理领域缺少整合、转化、嵌入的必要过程。本部分将尝试弥补此方面缺失，将会计舞弊行为合理化在多学科体系下的平行发展、辩证探讨及产出成果进行融合和输出，以尝试凝成在会计舞弊领域下合理化因素的研究基础。

（一）合理化内涵的历史演进及其核心维度分类

在现实对白中，我们习惯于将合理化解释为一种掩饰性的自圆其说，而对这一概念的认知与扩散，可能更大程度上源自弗洛伊德的精神分析学说。但早在 1908 年，威尔士神经学家 Jones 在其医学论著上将合理化界定为用于解释理性个体行为选择背后的逻辑和理由。研究早期，心理学家普遍认为合理化是指通过引证虚假动机来指称行为合理的心理过程（Sloane，1944），这一心理过程只有在行为人无法合理约束行为时才会产生，通过合理化的方式能够为偏差行为提供看似合理的托词。在社会学和历史学发展的过程中，"合理化"一词的使用曾一度引发具有哲学色彩的争论，因为，在社会学家和历史学家的认知中，所谓合理化即等同于主观化。较有代表性的观点包括：达尔文的进化论实质上是由曼彻斯特经济学家所造就的社会环境的合理化产物，为生存

斗争、自由放任以及在公开市场上展开无限制竞争提供了在意识形态上可以依托的理由（Randall，1976）；而基督新教（Protestantism）实质上也是资本主义在意识形态上所创造的合理化依托（Sloane，1944）。由此可见，除非做到价值无涉，否则合理化无处不在。

真正意义上将合理化作为一种解释和应用工具的，源自犯罪学领域的发展。Cressey（1953）在一项针对白领犯罪的研究中发现合理化近乎伴随着每一个行为人对其犯罪事实的解释。对该现象的理论归纳形成了 Sykes 和 Matza（1957）所提出的中和理论。顾名思义，"中和"一词的内涵表明了合理化是一种用于对冲和缓释内在道德谴责的心理机制。在此基础上，Bandura（1986）基于社会心理学的视角将合理化解释为一种道德推脱。从共识意义上来说，合理化基本涵盖如下三类特征，即认知性、解释性和中和性。认知性代表着合理化的认知心理属性，解释性代表着合理化的作用路径，而中和性代表着合理化的作用效果。不过，道德推脱理论的更大贡献在于将合理化在现实情景中的主要表现进行了普适性分类，在核心维度上主要包括，对行为进行认知重构、遮掩或扭曲责任以及降低对行为客体的认同三类（如表1所示）。

表1　合理化的核心维度分类

核心维度	细分方法	典型示例	诱发方式	相关文献
对行为进行认知重构	道德辩护	为了帮助组织渡过难关	外部环境	
	委婉标签	欺诈不过是一种商战策略	防御本能	
	有利比较	其他人比我更严重	外部环境	
遮掩或扭曲责任	责任转移	领导让我这么做的	个体行为	Bandura（1999）Murphy（2012）
	责任分散	所有人都这么做	外部环境	
	忽视或扭曲结果	没人因此而受到伤害	防御本能	
降低对行为客体的认同	非人性化	他/她只是我的奴隶	个体行为	
	责备归因	是他/她有错在先	个体行为	
	应得权利	我只是拿回我应得的	个体行为	

第一类，对行为进行认知重构，是通过认知上的二次包装将原本违背自我道德的行为解释为可以接受的。细分而言，道德辩护依托于自我价值里的"更高道义"来解释行为产生的迫不得已，委婉标签依赖于精心编织的华丽辞藻来掩饰行为背后的道德丧失，有利比较通过与更恶劣情形的简单比对来凸显自身行为的微不足道。第二类，遮掩或扭曲责任，是通过抹除或外部归因的方式来逃脱自身责任的合理化方式。例如，责任转移将责任归咎于指令的发出者，责任分散将责任扩散于整个行为群体，而忽视或扭曲结果则通过认知规避的方式来扭曲行为结果，以使自我免责。第三类，降低对行为客体的认同，是通过有意贬低行为客体（受害人）价值的方式将行为在道义上解

释为合情合理的。举例来说，非人性化是由于行为人习惯性的长期伤害而产生了对受害者认知上的价值贬低，责备归因通过罗列受害者的过错，从而将其视为罪有应得，而应得权利是 Murphy（2012）在舞弊合理化的实验中归纳出的一类方式，是由于行为人内心付出与回报间的不匹配而导致的心理契约的失衡。进一步，如表 1 所示，出于治理效率的考量，本文尝试性地依据合理化信息的诱发方式进行二次分类，主要分为外部环境诱发、个体行为诱发以及防御本能诱发三类，其中通过外部环境与个体行为诱发的合理化方式能够更加有利于展开外部治理。

（二）合理化形成机理的理论探讨

关于合理化因素的形成机理，心理学研究中存在着不同维度的理论探讨。从可述性动机①的角度来说，情绪规避可以被认为一种在个体意识能够感知情况下的合理解释。在社会交际中，讲道德被视为一种自我价值的体现，而违背道德往往会导致行为人内心产生内疚或是羞愧性的负性情绪。细化而言，内疚情绪往往激起于伤害性行为，羞愧情绪往往激起于曝光性行为（谭文娇等，2012）。正因如此，出于情绪规避性动机，合理化应运而生。

但与之相对，Festinger（1957）的认知失调理论以及 Steele（1988）的自我肯定理论从无意识性动机的角度给予了更为深层的解释。认知失调理论指出，行为人会在无意识中按照内心既定的认知习性对外部环境或个体行为加以解释，即所谓的保持认知一致性。然则，当外部环境或行为超出个体既定认知的解释范畴时便会导致行为人内心产生认知冲突。为了缓解认知冲突，行为人需要依托合理化来实现对外部环境或行为的认知曲解，从而维持内在认知的一致性。与之亦然，自我肯定理论认为，行为人会本能性地对自我的外在形象、性格特征、行为表现等方面产生一种自我满足、自我陶醉式的肯定和欣赏。显然，以舞弊为代表的违道德行为会对行为人的正向特质产生严重的负面冲击，即威胁到行为个体的自我完整性。因此，出于维护自我肯定和自我欣赏，行为人会选择通过合理化的方式来扭曲自我认知，从而恢复和重塑自我的正向特质。

（三）舞弊决策中合理化作用的路径节点

具体到舞弊情景下，作为一项心理特质，合理化必然嵌套于整个舞弊行为的心理决策过程。因此，基于合理化视角来探讨舞弊的治理问题，仅仅依靠局部性的理论思辨尚存不足，还需要将整个舞弊决策的心理过程纳入考量范畴，以把握合理化形成的心理动因与路径节点，助益于形成框架性的路径认知。目前，此方面的探讨多汇集于理论层面，但其凝练过程多源于经验性证据的启发，其中最具代表性的便数 Murphy 和

---

① 所谓可述性动机是指可以被行为人有意识阐述清楚的动机，因此，亦可称之为有意识性动机。

Dacin（2011）所提出的"舞弊决策心理路径"。他们的观点实质上将心理决策过程划分为五个环节，分别为"道德识别→情绪性判断→道德推理→决定舞弊→情绪缓释"。

道德识别开启对舞弊行为性质的认定过程。现实情景中，道德识别机制的失效往往由于对上级指令的盲从或受外部环境的腐化。当舞弊行为的道德识别过程完成后，人脑会迅速且自发性地转入情绪脑的加工过程，即进行情绪性判断。关于这一点，Kliemann等（2008）的脑成像实验证实，人脑的情绪加工过程会先于认知加工过程12～18秒。在此基础上，只有当情绪性判断过程无法得出有效结论时，人脑才会转入受控且理性的认知加工过程，即所谓的道德推理阶段。Tsang（2002）指出所谓的道德推理实质上是展开理性的成本效益分析，当舞弊收益大于舞弊成本时，行为人才会最终决定实施舞弊。不过，舞弊决策的实施必然伴随着负性情绪的产生，出于负性情绪的缓释，行为人会出现不同方式的反应。在广义范畴上，包括但不限于诸如：情绪承担（Palmer，2008）、自我惩罚（Nelissen and Zeelenberg，2009）、麦克白效应（Zhong and Liljenquist，2006）以及合理化等。但在所有方式中，合理化是一种发生频率最高、自我谴责最少、认知扭曲最强、影响程度最深、持续性最长的方式。这是因为，除合理化以外，其他方式都是处于知错认错、自我归因的认知前提下，但合理化与之恰恰相反。鉴于上述，可以大致发现，合理化主要是在舞弊决策心理的情绪缓释阶段发挥关键性作用。

（四）会计舞弊治理中合理化的识别及其度量

鉴于其心理属性的特质性，合理化识别与度量上的困难一直是制约该领域研究进一步深化的关键障碍。但近年来，会计实践研究的需求推动部分研究者做出一些借鉴性尝试。汇总而言，基于舞弊三角理论的会计舞弊预警模型构建等一类研究，率先尝试在资本市场上以部分财务变量来实现对合理化因素的捕捉。如表2所示，相关指标依据捕捉维度的不同可大致分为三类，分别为审计业务类、盈余特征类以及高管特征类。上述指标选择的支撑依据与基本逻辑是，《美国注册会计师审计准则第99号——考虑财务报告中的舞弊》最早将"与前任和现任审计师的关系紧张"这一情景作为"态度/借口"要素的现实例证。有鉴于此，部分研究据此作为选择指标的依据，将审计师/事务所变更、审计意见、与审计师关系等指标作为捕捉合理化因素的替代变量。继而衍生出的观点是，被审计单位与审计师的关系紧张很大程度上是由被审计单位的财务报告质量不佳所导致的，故此，企业盈余特征类指标被部分研究者纳入指标选取的范畴。但总体而言，上述度量指标的选取均属外部化且粗线条式的间接度量，影响因素过多，噪音过大。因此，金花妍和刘永泽（2014）立足于高管个人特质，将反映其合理化特征的财务与非财务类指标增添纳入相应的识别体系。

表 2　资本市场会计研究中合理化因素的指标替代

捕捉维度	具体指标	主要文献来源
审计业务类	审计师/事务所变更 审计意见 与审计师关系	Skousen 等（2008） 韦琳等（2011） 王敏和李瑕（2011）
盈余特征类	应计盈余方向 应计盈余水平	李敬等（2013） 金花妍和刘永泽（2014） 伍中信和陈玲琳（2015）
高管特征类	高管教育水平 高管不切实承诺	Parlindungan 等（2017）

相较资本市场，实验类研究的度量更加精确化。从目前已有的实验类成果来看，度量方式可大致分为三类（如表 3 所示），分别为自我报告、量表度量与前因替代。

表 3　实验类会计研究中合理化因素的度量方法

度量方法	基本内容	文献来源
自我报告	通过"你为什么会选择虚报收入"的对话框来让错报者做出解释	Murphy（2012）、Mayhew 和 Murphy（2014）
量表度量	期许性反应平衡量表（BIDR）	Desai 等（2010）
	中和量表	姬浩等（2013）
	道德推脱量表	Bandura（1999）
前因替代	通过施加并控制能够诱导出某种特定合理化类型的情景或行为来激发个体某种特定的合理化认知	Brown（2014）

自我报告法出现在 Murphy（2012）、Mayhew 和 Murphy（2014）等一系列研究中，主要是在行为实验后通过诸如"你为什么会选择虚报收入"等对话的方式来让行为人做出回答，并通过语言分析来判断其是否属于合理化。因此，除去研究过程较为烦琐且不易控制之外，该方法的主要难点在于，在"被试者给出的解释是否属于合理化借口"这一问题的判断标准上，难以达成统一的、不受质疑的方案。Murphy（2012）给出的处理方式借鉴了舞弊三角理论的三因素框架，认为只有围绕着压力和机会视角所做出的解释才不被视为合理化借口，如我想要拿到这笔收益（压力）或我有机会实施错报行为（机会）等。在量表度量的方法上，已知在舞弊行为实验中使用过的，主要有三张量表，分别为期许性反应平衡量表（BIDR）、中和量表以及道德推脱量表。期许性反应平衡量表（BIDR）起初是由 Paulhus（1984）开发，用于度量社会赞许效应的量表，而后在 Desai 等（2010）的研究中被转引用于测度研究被试的合理化倾向。中和量表以及道德推脱量表则分别是中和理论以及道德推脱理论的量化成果，主要区别在于中和量表的测量维度以及题项范围相对不固定，而道德推脱量表则形成了八个稳

定的测量维度。最后一类方法，前因替代法仅在 Brown（2014）的实验研究中出现，主要是通过施加能够诱导出某种特定合理化类型的情景或行为来激发个体特定的合理化认知。前因替代法是一种适宜检验单一合理化借口的情景式研究法，只不过需要在实验中警惕排除同一情景诱发多类合理化借口的可能性。

三、合理化因素下会计舞弊治理的框架策略

与过去依赖外在硬约束的强制监管不同，合理化视域下的治理策略则主要依赖于个人特质以及外在情景所形成的自我软约束。从某种意义来说，自我软约束更加根植于行为人的内心，因此，其预防和治理效果更加具有全面性和根源性。本文初步性地尝试以合理化会计舞弊治理的既有理论和经验证据为依托，构建基于合理化因素的会计舞弊治理框架，在此基础上，结合实践情景，扩展并延伸出相应的治理策略。

（一）基于合理化因素的会计舞弊治理框架

本文采用自上而下式的框架构建策略，分别形成非正式制度层、正式制度层以及特质因素层三个层面（如图 2 所示）。其中，前两层合称为制度层，构成合理化会计舞弊治理的主要途径。倒三角式框架布局吻合于不同层面治理效应的广度和深度。除此之外，层级自上而下代表着从"主动实施→被动选择"的策略过程，具体而言，制度层治理的主动权把握在治理主体手中，是治理主体依据自身情况自主选择实施的策略过程；特质因素层治理则主要依赖于治理客体的个人特质，而专注通过特质培养和塑造来实现合理化会计舞弊治理是较为困难的，因此，该治理层面更偏属于被动选择性治理。

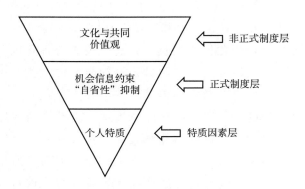

图 2　基于合理化因素的会计舞弊治理框架

（二）基于合理化会计舞弊治理框架的策略实施

1. 非正式制度层：文化与共同价值观

作为一项潜存于内的心理机制，对合理化的认知约束需要更多地依赖于行为人的

道德自律，而个体道德自律能力的培养与塑造更大程度上是组织或特定边界集群内，非正式制度文化浸染的结果。正因如此，Reinstein 和 Taylor（2017）指出，比起正式制度，非正式制度对会计人员合理化的抑制作用更为显著。North（1990）将非正式制度划分为三类，分别为对正式制度的拓展、补充和修订，社会普遍认可的行为准则以及自我实施的行为准则。具体到会计执业情景下，Reinstein 和 Taylor（2017）认为，想要让非正式制度发挥预期作用，需要满足以下两个条件：其一，拟建构的非正式制度约束是以职业领域内潜在的共同价值观为基础，反映社会公众对行为表现的共同期许；其二，其惩罚机制不同于法律等强制执行措施，对非正式制度的违背将导致人与人之间信任关系的破碎以及面临严重的声誉危机。

在所有的非正式制度中，文化是最为根基性的制度基础。一个好的企业文化是员工正确价值理念形成的前提，可以想象，在一个行事只问结果，无关过程，推崇人际剥削的竞争文化中，行为人很容易为她/他的不择手段提供自认为合理的托词。正因如此，具体到企业边界内，一个可行的治理路径是，以正确的企业文化带动形成正确的企业价值观，继而以共同价值观为基础形成具体的行为准则，并完善相应的声誉治理机制。即便上升至行业边界内，上述路径亦然，通过行业内自发、行业性自律组织及政府推动，形成从"行业文化→行业价值观→行业行为准则→声誉治理"的治理策略。

2. 正式制度层：机会信息约束与合理化诱发情景的预防

针对合理化因素的产生，Brown（2014）认为需要满足两大条件，分别为合理化动机与合理化机会。特别说明的是，此处指称的合理化动机与机会不同于舞弊三角理论所提出的压力因素和机会因素。如图 3 所示，就合理化因素本身，所谓合理化动机，是指个体为规避行为与道德冲突的负面效应所产生的可述性动机（情绪规避性动机）或非可述性动机（认知一致性动机、自我完整性动机）；而合理化机会则指，可供个体接收、处理并转而生成合理化借口的相关信息。关于合理化因素的诱发信息，本文已于表 1 中针对不同维度的合理化机制进行了初步性的分类与标码，主要分为外部环境诱发、个体行为诱发以及防御本能诱发三类。前已述及，通过外部环境与个体行为诱发的合理化方式更加有利于展开外部治理，而具体的治理路径则遵循"信息识别→信息约束"的方式来实现合理化诱发情景的预防；针对防御本能诱发，由于它不依赖于外在信息刺激，而隶属于一种本能反应，因而不适用于通过信息约束机制实施预防。正因如此，后续将主要从外部环境诱发与个体行为诱发两类展开进一步论述。

（1）外部环境诱发信息的情景识别。①"道德辩护"的信息情景很大程度上来源于个体道义与社会道德的两难困境。不做假账、不实施舞弊这一社会道德底线的对立面往往面临着社会的义气、朋友的友情、亲人的亲情以及对组织的忠诚等各式个体道义的考验。在道德辩护这一信息框架下，管理层实施会计舞弊所经常性依托的辩护信

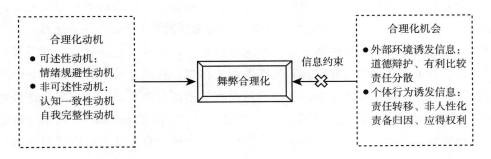

图3　信息约束路径下合理化抑制的作用框架

息诸如"我是为了组织能够渡过难关""我是为了避免企业员工失业"等。②"有利比较"的信息情景往往源于组织机构或监管体系对小微型舞弊行为监管检查力度的不足。出于监管效益与成本的权衡考量，监管方偏好于关注具有代表性以及高危害性的行为，但与此同时会向潜在舞弊者①传递出有利比较的信息情景。换而言之，潜在舞弊者会通过与受到处罚的高危害性行为进行比对后认为，自身拟实施的行为微不足道，不会受到社会监管体系或组织治理体系的关注和惩罚。依照上述思路，Brown（2014）通过实验研究发现，监管方选择"性质严重、金额重大"的代表性案例披露，对于潜在的舞弊者而言，不仅不会起到"以儆效尤"的作用，反而会使他们通过有利比较的合理化方式来实现负性情绪的缓释。③个体的"责任分散"往往滋生于集体腐败/舞弊的组织氛围或社会环境。缺乏道德自律性的组织氛围或社会环境会让行为人降低道德底线并展开不良行为的模仿，与此同时，还向其传递出合理化的认知信息，利用群体中的"匿名效应"来对个体的道德责任进行稀释和分散。陈艳等（2017）基于情景模拟的实验研究方法，通过设定"某集团内各大子公司普遍存在通过利润操纵来实现绩效目标"的信息情景，考察研究被试的情绪感受和决策行为，结果发现受到上述情景信息影响的研究被试会出现舞弊行为倾向显著增强以及负性情绪显著降低的行为与情绪性反应。

　　（2）个体行为诱发信息的情景识别。①"责任转移"的信息源头产生于他人的指使、命令或教唆。Mayhew和Murphy（2014）在舞弊决策实验中引入"领导"这一角色，"领导"的收益与全部被试者的平均报告值挂钩，并以此作为"领导"对外下达违规指令的动机。实验过程中，研究被试被随机分为两组，每组被试分别进行两次报告实验。在两组被试中，"领导"会分别选择在第一次实验和第二次实验中，指示被试实施错报行为。实验结果表明，"领导"的错报指令会让研究被试通过责任转移来缓解

---

①　潜在舞弊者是指具有舞弊压力及舞弊机会的行为人。

个体情绪并强化其错报行为，与此同时，错报指令对研究被试的影响还存在显著的延时效应①。②"非人性化"的合理化机制源于行为主体对受害者的长期伤害性行为。长期伤害性行为会让行为主体逐渐形成一种适应性的认知习性，这种认知习性通过渐渐且累积性的价值贬低来消减甚至抹除受害者的人格权，从而使得不合理的违规行为在自我的认知习性中被扭曲为合理，无法激活内在的道德自制机制。具体到会计舞弊治理领域，"非人性化"的合理化机制可进一步融入两类解释情景：其一，将职业道德的履行类比前述人格权的维护，长期的会计舞弊行为将导致自我认知对职业道德履行的持续性价值贬低；其二，长期的会计舞弊将导致对特定或不特定人群的持续性伤害，这种适应性的持续伤害会导致行为主体对受害者产生价值贬低。③"责备归因"是一种通过因果扭曲来合理化行为后果的认知机制，其信息源头主要产生于受害者的过往伤害性行为。具体而言，受害者的过往伤害性行为会引致行为主体通过会计舞弊来施加报复，并通过"受害者罪有应得"的认知方式来实施合理化。④"应得权利"的诱发信息主要源自非公平性行为所引发的心理契约失衡。在现实情景中，此处指称的非公平性行为更偏重于诸如持续性人际剥削及隐性契约违背等缺乏外部强制执行力的行为。正因如此，行为人需要依靠会计舞弊等私人执行机制来弥补心理契约的失衡，并辅之以应得权利的合理化认知。

综上而言，本文将前述分析和探讨整理成如表 4 所示，并以此提醒未来公司治理理论与实践需要对上述诱发情景展开必要的关注和思考。通过有效的制度安排来实现信息约束，从信息源头展开合理化诱发情景的预防，降低合理化机会的产生。

表 4　合理化诱发信息的情景识别

诱发方式	合理化机制	信息情景识别
外部环境	道德辩护	个体道义与社会道德冲突
	有利比较	对小微型舞弊行为监管检查力度不足
	责任分散	环境腐败或集体舞弊
个体行为	责任转移	他人指使、命令或教唆
	非人性化	行为主体的长期伤害性行为
	责备归因	受害者的过往性伤害行为
	应得权利	非公平性行为导致心理契约的失衡

3. 正式制度层："自省性"抑制与伦理道德教育的涉入

为约束和抑制行为人对合理化认知的使用，Murphy（2012）的研究在行为实验前，

---

① 延时效应是指接受过舞弊指令的行为人，在此后的长时间内，无论是否再次收到指令，都自我默许可以实施舞弊。

就行为人经常使用的合理化机制展开"自省性"的问述。如表5所示，Murphy采用的问述策略简单直接，即当某类合理化认知在实验过程中出现时，考察被试者是否认为，自己实施错报行为是可以接受的。将上述问述置于实验开始之前，目的是让研究被试在非财务压力的情景之下展开客观分析和思考，因此，本文将此过程称为合理化的"自省性"过程。而上述实验结果表明，在实验前控制的合理化机制越多，则实验过程中的错报人数和合理化使用频数越少，且达到统计上显著。更为有趣的是，经过"自省性"过程且仍然实施舞弊的研究被试均会避开实验前控制的合理化机制，转而使用其他借口来解释其错报行为。

表5 错报行为实验前的"自省性"问述

合理化机制	实验前问述
有利比较	你可能会认为，与许多其他行为相比，虚报你所获得的实际收入是微不足道的错行，所以，这会让你认为虚报实际收入是一件可以接受的行为吗？
忽视或扭曲结果	请记住，监督员是一名正受经济援助支持下攻读学位的学生，与本实验的设置无关。如果你实施错报，监督员因此而蒙受财务上的损失。虽然这对你来说可能是微不足道的，但你认为监督员会这样看待吗？
责任分散	如果你认为实验中的许多其他参与者都可能会以监督员的损失为代价，为个人利益而实施错报。那么对于你而言，这样的做法是可以接受的吗？

资料来源：Murphy（2012）。

为什么上述"自省性"过程会对行为人的合理化和舞弊行为起到显著的抑制作用？从理论层面来说，主要在于如下两个方面。第一，由合理化本身的特性所决定。一般而言，绝大多数舞弊行为只是对特殊情景的一种应激性反映，而非其本身就具有掠夺性倾向①。因此，合理化舞弊行为的个体并非对舞弊行为持认同态度（Murphy and Dacin，2011），合理化实质上是为自己的行为赋予一种"特殊情况特殊对待"的特别化思维，目的是让他始终坚信自己是诚实和道德的，从而避免了彻夜难眠与寝食难安。换而言之，倘若在他不受任何情景效应的影响下重新客观评价时，他会认为该行为是错误的，合理化是不可接受的。这也意味着个体的合理化倾向并不是一种稳定的个人特质，具有很强的情景依赖性。第二，"自省性"过程触发了行为主体的认知一致性动机。前已述及，当行为人在非压力情景下对合理化舞弊行为进行客观评价时，内在的道德自律性很容易让他将合理化认知评价为不可接受的。因此，当持有否定态度的行为人在压力情景下需要再次使用合理化机制来为自身寻找托词时，他可能的策略只有

---

① 在现实情景中存在一类具有"掠夺者"倾向的舞弊行为人，其主要表现为只要存在舞弊机会，不论是否面临财务压力或者是否触碰了道德底线，都会选择实施舞弊行为，是一种病态性的舞弊心理。

两类：或是避开已持否定态度的合理化机制，转而使用其他借口；或是拒绝实施舞弊，否则，就会由于认知的冲突性导致行为主体认知失调。

有鉴于此，将上述"自省性"过程融入舞弊行为的治理实践将是一个可行的策略。其首要的应用路径是在伦理道德教育领域，舞弊治理实践的严峻性不断推进会计学教育质量改革的进程。例如，全国会计专业学位研究生教育指导委员会 2019 年新修订的《会计硕士专业学位研究生参考性培养方案》将"商业伦理与会计职业道德"课程新增为专业必修课，从而凸显出会计人职业道德建设的紧迫性和重要性。因此，借助课程教育平台，将合理化的基本内涵、行为人经常性使用的合理化机制及其可能的诱发情景信息作为课程教育的基础内容之一，这将有助于会计职业人在客观（非压力的）环境下形成一种正确的伦理认知（即对常见的合理化机制持否定态度），从而激活行为主体的认知一致性。与之相仿，将合理化治理基础融入伦理道德教育并不限于高等院校，在各大营利性或非营利性性组织的内部治理过程中，均可以将其融入组织内部的伦理道德教育框架之中。除此之外，已有的部分研究证据表明，在特定情形下，受害者的反馈（Milgram，1974）、领导指令的传递方式（Milgram，1974）、旁观者行动（Staub，2000）均能起到传递"自省性"信号，抑制合理化认知的作用。

4. 特质因素层：个人特质与合理化舞弊行为的治理

（1）马基雅维利主义。马基雅维利主义属于以自我利益追求为导向，擅长操纵且不择手段的一类人格特质（Christie and Geis，1973），在进化心理学中，与自恋、精神病合称为黑暗三性格。高马基雅维利主义者的典型特征是，擅长权谋、喜好操纵且冷酷无情。正因如此，具备此类人格特质的行为人在追求个人利益的过程中不会因违背道德而产生强烈的自我谴责，由此而来，他们实施合理化以缓释内心谴责的动机性和倾向性则较弱。在会计舞弊研究领域，Murphy（2012）通过实验研究方法模拟报告环境，考察了不同马基雅维利主义倾向的行为人在实施错报行为后的情绪感受及其舞弊决策表现，结果发现，具备高马基雅维利主义特质的行为人会在错报行为后表现出更低程度的内疚情绪，并且其舞弊频率及舞弊金额均较他人更高。Moore 等（2012）以道德推脱量表表征行为人的合理化倾向，结果发现马基雅维利主义与合理化之间呈现显著的正相关关系。（2）道德认同。作为道德心理学的重要概念，道德认同是反映行为人对自身道德行为管理能力的一类特质（占小军等，2019）。具体而言，高道德认同预示着行为人对社会道德规范存有着更高的重视程度、接受程度及认可程度，进而表现出较强的道德自制能力（Aquino and Reed，2002）。由此而来，具有强烈道德认同感的行为人会时刻秉持着根植于内心、一致且连贯的道德标准来做出道德认知，较低概率会因环境诱因而调整自我的认知规范，从而实施合理化。是以，作为一类重要的道德特质，道德认同与行为人的认知合理化存在着显著的负相关关系（Moore et al.，2012）。（3）共情特质。"共情"一词在社会心理学领域的发展已逾百年，所形成的普遍共识是，具有高共情特质的个体，在理解他人的状态和感受并产生情绪性共鸣等方面能力更强（安连超等，2018）。进一步，共情又可被细分为两大成分（Gladstein，1983），分别为情绪共情和认知共情。其中，前者代表对他人情绪的识别与反应，后者代表对他人情绪状态产生因由的理解。鉴于前述，合理化借口的产生很大程度上源于对他人情绪、需求以及观点的忽视或扭曲（Moore et al.，2012）。因此，具有高共情特质的个体会因较强的情绪识别、感受和理解能力而对合理化起到显著的抑制作用（Eisenberg et al.，2004；Chowdhury and Fernando，2014），进而减少舞弊等违道德行为的产生。（4）自我效能。自我效能是指行为人在实施某项行动之前，对自己能否利用自身技能去完成某项特定事项所展现出的自我判断和信念（Bandura，1982）。Bandura 等（2001）在展开社会认知自我监管机制对违道德行为治理的研究过程中发现，青少年的自我学习效能与自我监管效能能够显著抑制行为人通过合理化来实施道德推脱，而个体的自我效能感可以通过自我成功体验、间接性观察与评估、他人鼓励与支持等方式得到培养和提升。

四、结论与展望

舞弊三因素模型（压力、机会、合理化）缘起于舞弊三角理论，但在治理实践中，各因素间应用程度的不匹配以及对合理化会计舞弊治理的忽视催生本文从理论背后再度审视合理化因素对会计舞弊治理的应用价值，并最终简述为如下三个方面：其一，约束机会属于外部硬约束，约束合理化则属于内部软约束，因此，基于合理化因素的会计舞弊治理是对人性化治理机制的一种有益补充；其二，合理化因素在会计舞弊行为决策中的解释力难以被其他因素所覆盖，因此属于独特且不可替代的治理因素；其三，国际顶尖期刊对合理化会计舞弊治理的渐渐关注反映出对潜在新兴治理视域的一种积极预示。

进一步，本文基于文献梳理并结合治理实践认为，造成现阶段合理化会计舞弊治理困境的主要原因可归咎于如下三点：其一，合理化理论研究基础的缺失；其二，存在很强的识别与度量障碍；其三，难以产出可行的治理策略。为助益于上述困境的解决和突破，本文主要进行了如下两方面工作：第一，借鉴心理学、社会学、犯罪学、会计学等多学科领域的知识成果，对合理化因素的内涵演进、形成机理、作用节点以及识别测度四个方面进行了梳理、整合与融通，目的在于夯实合理化会计舞弊治理的理论研究基础，为后续研究的展开做铺垫；第二，初步性地尝试以合理化会计舞弊治理的既有理论和经验证据为依托，结合实践情景，构建并延伸出相应的框架策略，以尝试推动合理化会计舞弊治理的策略落地。

在未来的研究中，一方面，需要进一步提高合理化度量的信效度水平，为此，本文对已有方法的优缺点展开相应评价，并就未来可能的改进方向提出相应建议，汇总如表 6 所示。另一方面，发现、检验和揭示合理化对会计舞弊决策的作用机制及其他影响因素将有利于决策信息传输端和情景端的治理策略创新。例如，虽然陈艳等（2017）发现，行为个体的负性情绪部分中介了合理化对舞弊行为倾向的影响作用，然而其研究内容仅将内疚情绪纳入负性情绪的考量范畴，且其中介效应量在实务人员样本中维持在 40% 左右，那么，其他未被解释的作用黑箱又具体表现为何？又存在哪些其他因素影响这一作用路径？

表 6　会计舞弊合理化度量的优缺点及其改进方向

研究方法	捕捉维度/度量方法	优缺点	改进方向
资本市场会计研究	审计业务类 盈余特征类 高管特征类	优点：突破了"零指标"的研究瓶颈。 局限：审计业务指标多与"态度"有关，而非"合理化"；高管特征及盈余特征的作用因素较多，噪音较高；其替代合理性未经过实证检验。	基于问卷或更为精准的合理化测度方式，实证检验合理化因素与哪些显性特质具有强关联性，并据此构建指标体系作为其资本市场替代变量。
实验类会计研究	自我报告	优点：直接捕捉被试真实想法，信度较高；能够发现新的合理化方式。 局限：人为判断分类，易产生主观偏差；过程烦琐。	①以道德推脱量表为框架，以会计情景为蓝本，构建会计舞弊研究领域的合理化量表。 ②捕捉导致单一合理化因素的诱发信息，并在实验研究中有效控制，避免出现替代性解释。
	量表度量	优点：信效度较高，且可不断改进、完善。 局限：缺乏以会计舞弊为研究情景的特定问卷。	
	前因替代	优点：有效控制；强化因果；省略度量过程。 局限：易产生其他替代性解释。	

　　总之，合理化会计舞弊治理的缺失反映出传统会计舞弊治理机制的巨大缺陷，或许，这亦是现阶段治理实践出现监管环境持续趋严与会计舞弊事件日益增多这一矛盾现象的可能原因之一。最后，本文嵌用唯物辩证法的分析框架来进一步阐述本文观点：倘使压力存在，机会和合理化可被分别对应外因治理和内因治理，唯物辩证思想认为，内因是事物发展的根源，外因通过内因发挥作用，因此，想要得到问题的有效解决须始终坚持内外因相结合、相统一的原则。正因如此，想要从根本上解决会计舞弊行为的治理问题，须始终坚持内外因协同治理的原则，即舞弊三因素缺一不可，使之协同发挥出有效的治理合力。

参考文献

安连超，张守臣，王宏，马子媛，赵建芳 . 2018. 共情对大学生亲社会行为的影响：道德推脱和内疚的多重中介作用 . 心理学探新，38（4）：63 - 68.

陈艳，陈邑早，于洪鉴．2017．责任分散合理化、负性情绪与舞弊行为倾向．会计论坛，16（2）：42－65．

姬浩，吕美，苏兵，朱治安．2013．"中国式过马路"行为的意愿研究．中国安全科学学报，23（8）：3－9．

金花妍，刘永泽．2014．基于舞弊三角理论的财务舞弊识别模型研究——支持向量机与 Logistic 回归的耦合实证分析．大连理工大学学报（社会科学版），1：92－97．

李敬，项晶，王泽霞．2013．基于灰色关联法的管理舞弊风险评价模型研究．宁夏大学学报（人文社会科学版），35（3）：124－138．

谭文娇，王志艳，孟维杰．2012．道德情绪研究十年：回顾与展望．心理研究，5（6）：3－7．

王敏，李瑕．2011．舞弊三角与财务舞弊的识别——来自我国上市公司的经验证据．财会月刊，30：76－80．

韦琳，徐立文，刘佳．2011．上市公司财务报告舞弊的识别——基于三角形理论的实证研究．审计研究，2：100－108．

伍中信，陈玲琳．2015．基于舞弊三角理论对农业上市公司财务报告舞弊的识别研究．财会月刊，15：3－7．

占小军，陈颖，罗文豪，郭一蓉．2019．同事助人行为如何降低职场不文明行为：道德推脱的中介作用和道德认同的调节作用．管理评论，31（4）：117－127．

Albrecht, W. S., G. W. Wernz, & T. L. Williams. 1995. *Fraud：Bringing Light to the Dark Side of Business*. New York：MacGraw－Hill.

Aquino, K., & A. Reed. 2002. The self－importance of moral identity. *Journal of Personality and Social Psychology*, 83（6）：1423－1440.

Bandura, A. 1982. Self－efficacy mechanism in human agency. *American Psychologist*, 37（2）：122－147.

Bandura, A. 1986. *Social Foundations of Thoughts and Actions：A Social Cognitive Theory*. Englewood Cliffs：Prentice－Hall.

Bandura, A. 1999. Moral disengagement in the perpetuation of inhumanities. *Personality and Social Psychology Review*, 3（3）：193－209.

Bandura, A., G. V. Caprara, C. Barbaranelli, C. Pastorelli, & C. Regalia. 2001. Sociocognitive self－regulatory mechanisms governing transgressive behavior. *Journal of Personality & Social Psychology*, 80（1）：125－135.

Brown, T. J. 2014. Advantageous comparison and rationalization of earnings management. *Journal of Accounting Research*, 52（4）：849－876.

Chowdhury, R. M., & M. Fernando. 2014. The relationships of empathy, moral identity and cynicism with consumers'ethical beliefs：The mediating role of moral disengagement. *Journal of Business Ethics*, 124（4）：677－694.

Christie, R., & F. L. Geis. 1973. Studies in Machiavellianism. *American Political Science Association*, 67（1）：400－407.

Cressey, D. R. 1953. *Other People's Money: A Study in the Social Psychology of Embezzlement.* Belmont: Calif Wadsworth.

Desai, N. , G. Trompeter, & A. Wright. 2010. How does rationalization and its interactions with pressure and opportunity affect the likelihood of earnings management. *SSRN Working Paper.*

Eisenberg, N. , C. Valiente, & C. Champion. 2004. Empathy – related responding: Moral, social, and socialization correlates. *The Social Psychology of Good and Evil,* 6: 386 – 415.

Festinger, L. 1957. *A Theory of Cognitive Dissonance.* Palo Alto: Stanford University Press.

Gladstein, G. A. 1983. Understanding empathy: Integrating counseling, developmental, and social psychology perspectives. *Journal of Counseling Psychology,* 30 (4): 467 – 482.

Jones, E. 1908. Rationalisation in everyday life. *Journal of Abnormal Psychology,* 3: 161 – 169.

Kliemann, D. , L. Young, J. Scholz, & R. Saxe. 2008. The influence of prior record on moral judgment. *Neuropsychologia,* 46 (12): 2949 – 2957.

Mayhew, B. W. , & P. R. Murphy. 2014. The impact of authority on reporting behavior, rationalization and affect. *Contemporary Accounting Research,* 31 (2): 420 – 443.

Milgram, S. 1974. *Obedience to Authority.* New York: Harper & Row.

Moore, C. , J. R. Detert, L. K. Treviño, L. V. Baker, & D. M. Mayer. 2012. Why employees do bad things: Moral disengagement and unethical organizational behavior. *Personnel Psychology,* 65 (1): 1 – 48.

Murphy, P. R. , & M. T. Dacin. 2011. Psychological pathways to fraud: Understanding and preventing fraud in organizations. *Journal of Business Ethics,* 101 (4): 601 – 618.

Murphy, P. R. 2012. Attitude, Machiavellianism and the rationalization of misreporting. *Accounting Organizations & Society,* 37 (4): 242 – 259.

Nelissen, R. M. , & M. Zeelenberg. 2009. When guilt evokes self – punishment: Evidence for the existence of a Dobby Effect. *Emotion,* 9 (1): 118 – 122.

North, D. C. 1990. *Institutions, Institutional Change and Economic Performance.* Cambridge: Cambridge University Press.

Palmer, D. 2008. Extending the process model of collective corruption. *Research in Organizational Behavior,* 28 (4): 107 – 135.

Parlindungan, R. , F. Africano, & P. S. Elizabeth. 2017. Financial statement fraud detection using published data based on fraud triangle theory. *Advanced Science Letters,* 23 (8): 7054 – 7058.

Paulhus, D. L. 1984. Two – component models of socially desirable responding. *Journal of Personality & Social Psychology,* 46 (3): 598 – 609.

Randall, J. H. 1976. *The Making of the Modern Mind : A Survey of the Intellectual Background of the Present Age.* New York: Columbia University Press.

Reinstein, A. , & E. Z. Taylor. 2017. Fences as controls to reduce accountants' rationalization. *Journal of Business Ethics,* 3: 477 – 488.

Skousen, C. J. , C. J. Wright, & K. R. Smith. 2008. Detecting and predicting financial statement fraud:

The effectiveness of the fraud triangle and SAS No. 99. *Advances in Financial Economics*, 13: 53 – 81.

Sloane, E. H. 1944. Rationalization. *Journal of Philosophy*, 41 (1): 12 – 21.

Staub, E. 2000. Genocide and mass killing: Origins, prevention, healing and reconciliation. *Political Psychology*, 21 (2): 367 – 382.

Steele, C. M. 1988. The psychology of self – affirmation: Sustaining the integrity of the self. *Advances in Experimental Social Psychology*, 21: 261 – 302.

Sykes, G. M., & D. Matza. 1957. Techniques of neutralization: A theory of delinquency. *American Sociological Review*, 22 (6): 664 – 670.

Tsang, J. A. 2002. Moral rationalization and the integration of situational factors and psychological processes in immoral behavior. *Review of General Psychology*, 6 (1): 25 – 50.

Wells, J. T. 2004. New approaches for fraud deterrence. *Journal of Accountancy*, 2: 72 – 76.

Zhong, C. B., & K. Liljenquist. 2006. Washing away your sins: Threatened morality and physical cleansing. *Science*, 313: 1451 – 1452.

Accounting Fraud Governance Based on Cognitive Rationalization: Research Basis and Framework Strategy

Yizao Chen, Yan Chen, Hongjian Yu

Abstract: As the most widely used theory of accounting fraud in the modern corporate governance structure, the theory of fraud triangle clearly points out that stress, opportunity and rationalization together constitute the three major elements of accounting fraud governance. However, in the past practice of governance, the neglect of rationalization factors led to a huge gap in the traditional fraud governance mechanism, which inevitably led to the "short – board effect" of accounting fraud governance. In view of this, this paper starts from the governance logic reflected by the theory of fraud triangle, and then examines the application value of rationalization factors in the governance of accounting fraud, and attempts to explain the predicament of accounting fraud governance based on rationalization factors at this stage, that is, the lack of theoretical research, identification and measuring barriers and difficulties in producing viable governance strategies. In order to solve the above problems, this paper mainly carried out the following two aspects: First, based on the knowledge of multidisciplinary fields, the research basis for rationalization accounting fraud governance is consolidated; Second, based on theoretical and empirical evidence, this paper builds and extends the corresponding framework strategy in combination with practical situations. The above discussion will give impetus to the development of rationalization fraud accounting governance and promote the three elements of fraud to achieve effective governance synergy.

Keywords：Accounting Fraud Governance；Cognitive Rationalization；the Theory of Fraud Triangle

第 19 卷，第 1 辑，2020 年
Vol. 19, No. 1, 2020

会 计 论 坛
Accounting Forum

会计控制与财政运行关系考略*

——以唐宋应在账为中心

郝继伟

【摘　要】唐宋时期应在结算要素的出现标志着中国古代"四柱结算法"发展中的一个转折，它对提高国家财政管理效率具有明显影响。唐前中期，应在账中的应纳未纳和非正常损耗部分，因为勾检制的实施保证了应在向实在的转换，财政工作高效运转；至唐代后期，应在账更多地表现为"虚挂簿书"，造成财政管理的混乱；宋代中央政府通过应在账管理实现了对地方政府财权的全面掌控。唐宋应在账与财政管理关系的历史演进对于当前我国政府会计改革与国家治理能力提升具有重要的现实借鉴意义。

【关键词】应在账；虚挂簿书；勾征；财政管理效率

一、引言

财政是会计①的前提，会计是财政的基础。二者之间的密切关联使得中国早期的政

收稿日期：2019 - 11 - 20

基金项目：国家社会科学基金重大项目（11&ZD145）；教育部人文社会科学规划基金项目（19YJA790084）

作者简介：郝继伟，男，洛阳师范学院商学院副教授，jwh1973@163.com。

* 作者感谢匿名审稿专家对本文的宝贵意见，但文责自负。

① 本文的会计指的是大会计，包括审计。

府和理财家将其并称为"财计"。在以自然经济为主的古代社会，官厅对资产的管理首重实物资产，从会计的角度来看，其对"见在"① 的运用与管理一直是重点所系。唐宋时期，随着商品经济的发展，债权债务关系的广泛存在和税收征纳关系的复杂化对会计提出了新的挑战，应在账②的产生便是对这一挑战做出的反应，它对财政管理产生了较大的影响。本文拟以应在账为例来分析财政运作的效率和效果，并探讨二者之间的互动关系。

二、应在账的产生与四柱结算法的发展

"应在"这一词语，在汉代之前经常出现在与《易经》相关的著作之中，尚没有发现它在经济管理中的运用。佛教的传入改变了"应在"这一术语的发展轨迹。魏晋六朝佛教寺院中，有一种财富的蓄积，名曰无尽藏，即将寺院僧人在外募化所得金钱，作为资本来使用，借贷给僧俗百姓，以增加寺庙的财产。寺院经济的主要目的在于将本图利和谋求新财产，而不在于生产。新的借贷做法于世俗界得以推广，促进了唐代贸易越来越快地发展（谢和耐，2004）。

寺院经济的发展使得借贷业务经常化，而借出去的钱物归还需要时间，所以在账务处理上要考虑这一情况，换言之，为了反映债权债务关系，会计一定要做出相应的反应，于是应在账便产生了，但其出现的具体时间已不可考。所以，如同中国的金融业产生于寺院当中那样，本文认为，应在账也产生于寺院经济中，产生于寺院内部以及寺院与信众之间的借贷关系之中。

学界对应在账的研究都是以四柱结算法为切入点，其依据则是出土的敦煌吐鲁番文献。郭道扬（1982）根据敦煌会计文书，认定了四柱结算法在唐代后期的建立③，为研究者开阔了视野，奠定了四柱结算法研究的基础。杨际平（1991）即受其影响，研究证实唐中期官厅会计文书对四柱结算法的运用已经达到纯熟之地步。并特别说明了"应见在前帐"与"新加附"分别开列专柱是四柱结算的基本特点。李锦绣（1995）认为应在栏的开辟，与四柱结算法的出现不无关系。垂拱元年的勾帐式将四柱结算法以法律的形式固定了下来，使其在天下计账造写中推广使用，这使得四柱结算法得以在全国范围内普及。

而关于四柱结算法的完整出现，敦煌文书 P. 2507 号《开元水部式残卷》（刘俊文，2009）有述：

---

① 唐宋时期四柱结算法中的一柱，指实有数目和金额。
② 亦作"应在帐"，多见于古籍文献和经济史研究，本文为尊重现代语言习惯，采用"应在账"。
③ 郭道扬在后来的研究中有新的发现，认为秦汉时期即有四柱结算法，唐宋是其完善期，而明清则是普遍应用时期。

（前略）

99 余应给鱼处及冬藏，度支

100 每年支钱二百贯送都水监，量依时价给值，仍

101 随季具破除、见在，申比部勾覆。年终具録申所

102 司计会，如有迴残，入来年支数。

（后略）

其中，"度支每年支钱二百贯"即都水监的新收，之后的"破除"和"见在"，再加上"迴残"即构成完整的四柱，此时的"迴残"很显然指的是纯粹的实物资产。唐耕耦（1997）认为，"应及见存"转入下一个年度，即成"承前帐旧"或"承前帐应在"。可见，应在的出现与"旧管"这一柱密切相关，最初仅仅是旧管在下一个年度的同义语，发展到后来，应在表示借贷关系或税收征纳关系，代表虚的资产，而见在则表示实的资产。

《唐六典》规定："每年终各具破除见在数，申金部、度支、仓部勘会"（李林甫，1992）。此处申报数为见在，关注的是实的资产。杨际平（1991）认为"应见在前帐 = 实物见在 + 诸人贷便应在"，这里的贷便应在即借贷未还的部分；而王祥伟（2008）认为"应见在" = "见在"（实数） + "外欠"（应收账款），李伟国（1984）和罗彤华（2013）观点相近，认为应在其实是账上虚存，应有而实未纳，唐耕耦（1997）认为，如果结余的都是实物，则用应见在一柱，如果结余包括实物和未收回的欠债，则用两柱表示："应见在"表示实物部分，"应在人上"表示应收账款。陈卫兰（2011）认为，复杂的四柱结算法一般作"前帐、新收、支破、应在、见在"五柱，多出的"应在"一柱，是"欠缴应收数"，其下又有"旧管、新收、开破、见管"小四柱。

关于应在账在四柱中的地位和作用，郁晓刚（2012）通过对四件文书的分析，总结出了应在账的书式，认为它对四柱起到了补充说明的作用，而应在账的使用则说明了敦煌寺院财务管理的细密化。按照唐耕耦的说法，这些寺院都是河西都僧统管辖的官寺，因此有理由相信，当时官厅财政管理也已经达到了相当高的水平。

由上可知，应在最初是指前期未用尽而留下来的实物资产，即所谓的"回残入帐"，随着商品交换关系的发展和税收征纳关系的复杂化，应在的内容也发生了变化，分为两个部分，一部分是未用尽的实物资产，另一部分是具有未来征索纳取权利的虚的资产，即应在而暂时不在的挂账资产，所以"承前帐应在"有时候称为"应见在帐"。

三、应在与唐前中期勾检制的完善

应在的出现给唐王朝的财政管理者提出了新的挑战，即虚资产如何转换成实资产

的问题。应在的存在，使得官员对资产的侵夺多了一个手段，为了加强财政管理，唐代政府实施并强化了勾检制度。勾检制度是隋唐行政机构内在的监督机制，主要是为了保证国家行政的效率（吴俊深，2013），其中财务勾检是极为重要的方面，对应在的勾征是收入的重要来源。杜佑《通典》卷六"赋税"下记载，天宝中，"其资课及勾剥等当合得四百七十余万"（杜佑，2007），减去资课收入二百万贯，一年的勾征在二百七十万贯左右，远高于当时的户税收入，由此可见勾征在国家财政上的意义，也反映出政府对"虚挂簿书"的资产的重视程度和将其转换成实资产的执行力度和效果。下面以《神龙二年（706 年）史某牒》（荣新江等，2008）为例对应在的具体内容做进一步的分析。

（前缺，1～17 行为破用数，略）

18. 四千五百卅二石五斗六升□合四勺一撮，长安四年正月一日应在。

19. 三千三百八十一石八斗一升八合八勺粟

20. 六百九十七石六斗六升四合七勺米

21. 五十五石二斗

22. 一百九十三石七斗八升八合䵆

23. 一十一石九斗枣

24. 一石六斗乌麻

25. 七十石九斗二升一合九勺青稞

26. 五石二斗九升小麦面

27. 一百一十五石三斗三升三合小麦

28. 五升麸

29. 五百五十四石六斗一升七合五勺未纳

30. 四百八十九石四斗五升九勺粟

31. 八十九石三斗九升九合粟，历元年官人职田苜蓿地子，征马成。

32. 一百七十五石四斗六升一合，州司勾征，典张义。

33. 一百一十五石一斗五升五合□勺，前功曹马久元年地子，征吴忠。

34. 三石五斗七合，前兵曹郑为天元年地子，征马定成。

35. 四石五斗四合六勺，前法曹姚温天元年地子，征马成。

36. 七十八石七斗二升，前参军乐方天元年地子，吴忠。

37. 四石四斗，前天山府果毅李由巴天元年地子，征阴敏。

38. 一十三石，前交河主簿王义历元年职陶浆价，张素。

39. 一斗四合，前武昌府果毅段寿天元年地子，征竹本。

40. 五石二斗三升，长史勾征，索行等。

41. 卅九石一斗八升五合六勺米，鞠孙等。

42. 卅四石六斗八升，征翰孙等。

43. 四石五斗，团结兵何秃子等。

44. 三石七斗七升九合青稞，州司勾征，索行等。

45. 一十一石九斗枣，征崇显寺等。

46. 三斗广禾，征前仓督索行等。

47. 三千九百七十七石九斗五升一合一勺一撮见在

48. 二千八百九十一石三斗六升七合九勺一撮粟

49. 六百卅八石四斗七升九合一勺米

50. 卅五石六斗二升□□覆欠，征索行等。

51. 六百二石八斗五升八合九勺见在

52. 五十四石九斗广禾

53. 一百九十三石七斗八升八合麨

54. 一百一十五石三斗三升三合小麦

55. 五□□

56. 六十七□□一勺青稞

57. 廿四石三斗五升九合九覆欠，索行等。

58. 卅二石七斗八升三合九勺见在

59. 一石六斗乌麻

60. 一石五升覆欠，征索行等。

61. 五斗五升见在

62. 五石二斗九升面

63. 牒件通长安三年七月一日至十二月卅日以前，军

64. 粮破除、见在，具件如前，谨牒。

65. 神龙二年七月　日史　牒。

　　该文书的应在包括两个部分，一个是未纳（29 行到 46 行），另一个是见在（47 行到 64 行）。在未纳明细账下，又分为三个部分。第一，勾征（包括州司勾征和长史勾征）；第二，地税（即地子）；第三，陶浆价（仅一见）。关于勾征的概念学者多有涉及，李锦绣（2009）认为，勾检官在审核财务收支后，对应征税收而未征者，不应支而滥用者，保管中的损耗等，要下符重新征收。这种对审计结果的处理方式，唐人称为"勾征"。丁俊（2009）根据开元四年（716 年）的诏书认为，勾征可以分为对百姓的勾征和对官典隐欺为赃的勾征。王永兴（1991）认为勾官负责勾检，仓曹负责征收。史书对未纳的记载比较丰富，如逋负即是应纳赋税延期未纳的专称。《唐大诏令集》卷七十四《开元二十三年籍田敕》云："贫乏未纳者，并一切放免"（宋敏求，2008）。

公元 841 年，检校逃户制，提到"逃户应纳而未纳的钱草斛斗"。而诸色勾征"令所由长官、录事参军、本判官，据案状子细句会"（王溥，1985），所以未纳部分应是账面审计的结果。

而在见在明细账下，又可以分为覆欠（50 行、57 行和 60 行）和见在两部分。按照王祥伟（2012）的解释，覆欠的基本含义是官员或仓库管理者利用职权之便支出而形成的，即"妄破"。实际上，覆欠有更加丰富的内容。《全唐文》卷八十九僖宗皇帝的南郊赦文中提及"义仓斛量，差役乡夫，数重劳扰，每一量覆，欠折转多，主掌之人，贴家竭产，生灵涂炭，州县困窘"（董诰，1983），这说的是量覆所致的欠折。还有盘覆所致的欠折，《全唐文》卷七十五文宗皇帝南郊赦文略云："应度支盐铁户部三司所管诸色官吏所由人户等，欠负太和元年已前诸色钱物斛斗等，各委本州尽理勘实，如是贸易招状，入己隐欺，即准条处分，如缘收贮年深，盘覆欠折，水火漂热，事实有凭，如此之类，除检责家产及摊征元保外，如实无可纳，空挂簿书，连年囚禁者，宜各具色目奏闻。"又如《全唐文》卷一一二后唐明宗南郊赦文云："所在仓场，积年损坏，使臣盘覆，欠折尤多，其主持专知官等，据通收到产业物色外，亦与放免"（董诰，1983）。

上述几个赦文中都提到了覆欠，有两处说到盘覆，一处提到量覆，这是审计的盘点或者称量工作，而之后的欠折则是盘点或者称量之后所计算的实际结果与应有数目之间的差额。所以覆欠可以分为两个部分，一个是非理破使，即所谓的"入己隐欺"之覆欠，另一个是"收贮年深""积年损坏"所致的覆欠。但其共同点则是实际盘点得到的结果。如此，再回到《神龙二年史某牒》这件文书中，它所提及的覆欠即对盘点之后的差额的处理，在此需要注意的是，由于需要盘点称量，所以其对象只能是实物资产。

可见，应在中未纳项目属于账面审计的结果，覆欠属于盘点审计的结果，两种不同结果最终都记录了责任人，虽然作为会计主体而言都有向其催收的权利，但二者显然又有区别，所以分别项目开列报告，提供了更加详细的信息，有利于统治者针对不同项目做出不同的处理。

除了前述《神龙二年史某牒》，敦煌吐鲁番出土的大量文书都证明了从贞观到开元时期勾检制的切实执行。勾检官吏在中央和地方行政体系中普遍存在，中央除了中书门下和拟中书门下的太子左右春坊没有勾官外，所有官厅都有勾官，地方府州县都有勾官。勾官的勾检分为自勾和他勾，在进行勾检时完全以律令格式为依据（王永兴，1991）。全国性的财务行政事务要由比部勾检，由中央到地方的逐级勾检，形成了严密的体系，一方面说明了帝国对财政管理的重视，另一方面也反映出中央对地方的强烈的控制欲望，地方没有财政自主权，中央威权无处不在。然而，随着藩镇的崛起，比部的权力受到很大的制约，所得数据失实，勾检尤其是他勾越来越形式化。

四、唐后期虚挂簿书之弊

由于应在账是一种客观存在，所以要尽量避免其成为坏账，唐律令对此做出了规定，其主要特点是设定责任人——所由官典。对于仓库出纳之欠损，即规定经办人员为责任人。《仓库令》第 29 条略云："诸仓库受纳，于后出给，若有欠者，皆征给纳之人。已经分付，征后人。征获讫，随便输纳，有剩附帐申省"（中国社会科学院历史研究所天圣令整理课题组，2006）。《唐六典》对此也有类似的规定，《唐六典》卷十九"司农寺太原、永丰、龙门诸仓监"规定："诸仓，每一屋、一窖尽，剩者附记，欠者随事科征，非理欠损者，坐其所由，令征陪之"（李林甫，1992）。凡粮食出库，以屋窖出净为原则，出完后，若还有剩余则记账，不足要征收赔偿，尤其是对于非理欠损，要由经办人员赔偿。由此可见经办人的责任重大。这可能与官典的身份有关，他们实际上地位低下，仅仅是一种劳役人员，而不是我们通常所理解的官员。

在上述《神龙二年史某牒》中，应在的责任人均为仓督或者其他所由官典，包括地子在内，都是如此。但是应在账的内容庞杂，不仅包括税收，还包括妄破和非理欠损者等，要搞清楚其详细情况很困难，所以越来越多地产生了虚挂簿书的问题。

唐末五代虚挂簿书之弊尤甚，主要手段是将部分破用之数转移入应在项目之下。这又可以分为三种情况。一是正常的破使之数转入应在账。这在当时几乎已经成为财计部门的一种风气或者说潜规则。陆贽对这一问题的严重性认识深刻，在贞元十年（794 年）《论裴延龄奸蠹书》的奏折中，他讲"大抵钱谷之司，皆耻财物减少，所以相承积累，不肯涤除，每当计奏之时，常充应在之数"（陆贽，2005）。二是将非理破使之数转入应在账，以隐藏其破使的事实。王钦若《册府元龟》卷六百一十三略云："会昌元年（841 年）正月，诏曰：'……惟盐铁、度支、户部等司官吏，破使物数虽多，只遣填纳，盗使之罪，一切不论。所以天下官钱，悉为应在，奸吏赃污，多则转安，此弊最深，切要杜塞。自今以后，度支、盐铁、户部等司官吏及行纲脚家等，如隐使官钱，计赃至三十匹，并处极法。除估纳家产外，并不使征纳。其取受赃，亦准此一条'"（王钦若，1996）。该诏书说明了奸吏利用应在进行贪污的手法，即破使之物很多是非法破使，或更进一步的是"盗使"等，但是在上报出纳账目时，将部分破使数转为应在之数，虚挂簿书。且破使的事实被隐藏，簿书的真实性出了问题。三是将见在之数转化为应在账，然后以收回应在账为名作为奉献以邀功。陆贽在上述奏折中，叙述裴延龄的罪状时提到，裴延龄刚任度支，即谎称勾获隐欺之钱 20 万贯，可以供皇上随时支用："勾获隐欺，计钱二十万贯，请贮别库，以为羡财，供御所须，永无匮乏。"然而太府卿韦少华抗表上陈，说那些钱根本不是勾征所得，而是本身就包含于见在数目中："每月申奏，皆是见在数中，请令推寻，足验奸计。"就是说的这种情况。陆贽认为，

裴延龄 "以在库之物为收获之功，以常赋之财为羡余之费" 是罪之大者也。

实际上上述手法并不高明，这从一个侧面说明了当时审计制度的失效，即三司对支用部分基本上不予监督，只要把支用情况说清楚就好，如果支用不合理，只要把该部分数目填补，贪污也好，挪用也罢，就不管不问了。而皇上对地方官贡献的羡余，则根本无意询问其出处。这样做的结果相当于纵容此类事件的发生，所以，后果十分严重——"天下官钱，悉为应在"，虚挂簿书之危害可见一斑。这时的应在账真正成了收不回来的坏账，转换为实资产的可能性大大下降了，即所谓的 "在人者并无可科征，属官者悉不任货卖"。

所以，放免①就成为一个必然的选择。史籍中可见大量的放免诏书，通常是与水旱灾害相联系的，但其更本质的因素则与应在账的虚挂簿书有关。如 "开成三年终已前因水旱不熟贷借百姓及军用欠阙，借便度支、户部、盐铁钱物斛斗，积欠相承，日月既久，百姓或无本户，长吏累又改更，全无本色可以支填，所司徒有征索之名，终无送纳之日，虚系簿书，宜并放免"（徐天琪等，1991）。从这个意义上讲，放免是皇帝所做的顺水人情，利用对坏账的销账来减轻民众的负担，稳定社会，的确是惠而不费。

但放免往往是有条件的，通常放免的是老百姓的欠税，而对官员的非理破使则往往不在放免之内。如《唐大诏令集》卷100《洗涤官吏负犯制》云："诸处百姓，若被勾征……隔年以后更不在勾限。其官典即前方隐赃在腹内者，不在此例。" 这是唐朝统治者所坚持的一个原则，也反映了关于吏治的从严治理的思想。

五、应在内涵的演变与宋代国家控制的加强

宋代，应在之含义有了进一步的发展。应在而暂时不在的基本含义不变，如李焘《续资治通鉴长编》卷一百所云："应在者，名物虽著于籍而未尝入官也。" 但它所反映的主要关系变化为应系省而存地方的收入，更多地反映了中央与地方的关系。"当是时，输送无过上供，而上供未尝立额，郡置通判，以其收支之数上之计司，谓之应在"（陈传良，1936）。宋初，对应在部分的管理很放松，应在之价值往往是显示皇上的恩德，宣示中央的权威。"天圣至嘉祐四十年间（1023～1063年），理财之令数下，徒有根括驱磨之文，设而不用，以此见得开国以来迄于至和（1054～1056年），天下财物皆藏州郡。祖宗之深仁厚泽，于此见矣。" 但在财政困难时，着眼于解决财政困境，对应在账的重视达到了前所未有的程度，其具体做法有三。

第一，成立专门的组织。设置理欠司，可惜存续时间不长，后来成立的都理欠司取代了它。"都理欠司，〔雍熙二年（985年），三部各置理欠，有勾簿司，景德四年

---

① 从官厅会计的角度来讲，就是针对欠负官钱的销账。

废。]判司官一人，以朝官充。掌理在京及天下欠负官物之籍，皆立限以促之"（脱脱，2011）。又在各州成立应在司，按四柱要求申省。《文献通考》卷二十三国用考云："淳化五年（994 年）十二月初置诸州应在司，具元管、新收、已支、见在钱物申省"（马端临，2007）。理欠司和应在司之间有分工，欠缴朝廷的赋税由理欠司负责，那些转移支付的赋税由应在司负责，这些赋税已经在账上进行了记录，但是因为没有官府开出的证明，所以没有办法销账。《续资治通鉴长编》卷二百二十八："负县官之物者，悉总於理欠司。以官物输他司或中都，虽著於籍，而无已入官之符契者，则总於应在司"（李焘，1986）。

第二，账法法定。宋代《庆元条法事类》中，应在账的规定更加具体，且应在下要求使用小四柱详细报告，说明了对应在账的监督与考核的加强。对常年积欠应在账，建立专账予以催收。"景德元年（1004 年），复立置簿，拘辖累年应在"（马端临，2007）。

第三，建立和完善了催收的奖惩制度。《庆元条法事类》的"财用门"专设"应在"一节，为我们了解宋代尤其是南宋的应在账管理提供了很好的材料。在财用门的应在中，对应在司的官吏的奖罚都体现在相应的敕令式中。在职制敕中规定，应在司官催收达不到 70% 的要罚，而超过 84% 的要奖，命官升官或减磨勘，吏人奖钱（20 贯到 60 贯），但军队寨名钱、经总制钱和市舶钱不能计算在内（谢深甫，2014）。且对于长期挂账的应在，比如五年以上，如果催收回来，一贯抵二贯，所谓的"五年以上物倍计理费"，一个月之内的应在不计算在内。这充分说明了宋代已经充分考虑到长期应在的存在会导致坏账的结果，所以采取激励手段，以加速应在的回收。而且，每季度检查催收情况："诸监司以所辖应在之物注籍检察催收季一举行"。

这种催收的力度之大可想而知，其最终结果是天下无遗利。所以到后来，熙宁五年（1072 年），判司农寺曾布对应在司的设置颇为不满，其奏疏略云："盖自系省而后有应在司，有应在司而后有封桩，有封桩而后起发。盖至熙、丰系省，初无窠名，应在司最为冗长"（马端临，2007），中央对地方财政的控制达到了前所未有的程度。

六、主要研究结论

应在账作为一种结算方法和账务处理方法，推动了中国会计发展的历史进程，只要能够善加利用，遵守业已制定的财计制度，就可以大大提高财政管理水平和运作效率；反之，它也可能为机会主义者所操纵，成为他们谋取个人利益的工具，侵犯国家利益。

第一，应在账的产生及其运用是唐代社会经济关系复杂化和产权观念发展的结果。应在在会计上的出现是基于寺院经济的发展，正是有了寺院借贷的普遍化，才使得产权观念逐渐推广和扩张，而应在也得到了进一步的发展。表现在官厅会计上，即将那些未纳的赋税计入应在之中，这种税收征纳关系在账面上的反映也体现了会计的实质性进步。不过，这种进步也会给投机者以机会。裴延龄即利用这一漏洞，将大量的见在之数输入皇帝的内库之中，却谎称这是应在催征的成果，其结果自然是内库的扩张和国库的萎缩。应在相对于实物资产来说，是虚数，但它存在将虚数转变为实数的可能，即如果政府催收的力度加大，将使得虚数变成实数。宋代通过大量的应在账加强了国库对国家财政的控制。应在反映的是系省而留州的数目，实际上宣示了中央对地方的这一部分财富的所有权。唐时的应在通常是勾征之后的结果，是今后进一步征索的依据；而宋代的应在则反映了中央与地方的关系，中央的财政集权通过应在账加以强化，通过应在账中央可以对地方的财务状况有更全面的了解，可以通过对应在账的灵活处理来对地方进行控制，这样做的结果是地方更多地仰中央之鼻息，地方割据的可能性大大减小了。

第二，应在账的运用在唐宋时期表现出不同的特点。关于应在的管理，唐初由于勾检制的完善，所以应在的虚资产向实资产的转换还很顺畅，勾征对国家财政收入的贡献地位重要；而到了唐后期，审计制度的失效使得虚挂簿书的情况显著增多，应在账大多走向了放免之路。到了宋代，应在的催收手段多样化，除了用正常的审计程序进行控制之外，还采取了一系列的激励措施，尤其是按照应在产生的时间区分长短期限，针对不同期限采取不同的催收策略和奖惩政策，这一思想还是很先进的，也反映了宋代政府的实用主义精神。

第三，会计账簿乃至会计方法的发展与科学运用，与唐宋王朝国家财政管理效率的提高相辅相成。应在账促进了会计结算方法的完善，使得财政管理愈加精细化。这充分说明会计账簿建设的科学性与会计方法运用的合理性，能有效预防国家财政管理工作中的潜在缺陷和人为腐败，而一个时期国家财政政策的改变也会对当时的会计方法与会计管理后果产生重大影响。

第四，应在账在唐后期与宋代官厅财计中的运用，体现了会计管理与财政运行的基本规律。会计与财政相辅相成，财政运行以会计管理为依托，会计管理以财政运行为先导，会计管理与财政运行的这种内在一体、协同并进，对于当前我国的政府会计改革与国家治理能力提升具有重要的现实借鉴意义。

参考文献

陈传良 . 1936. 止斋先生文集 . 上海：商务印书馆 .

陈卫兰 . 2011.《庆元条法事类》中的四柱结算法及相关术语考释 . 嘉兴学院学报，5：60 – 63.

丁俊．2009．西域历史语言研究所集刊．北京：科学出版社．

董诰．1983．全唐文．北京：中华书局．

杜佑．2007．通典．杭州：浙江古籍出版社．

郭道扬．1982．中国会计史稿．北京：中国财政经济出版社．

李锦绣．1995．唐代财政史稿（上卷）．北京：北京大学出版社．

李锦绣．2009．隋唐审计史略．北京：昆仑出版社．

李林甫．1992．唐六典．北京：中华书局．

李焘．1986．续资治通鉴长编．上海：上海古籍出版社．

李伟国．1984．宋朝财计部门对四柱结算法的运用——对《中国会计史稿》（上册）的一点补正．河
　　　南师大学报（社会科学版），1：35－38．

刘俊文．2009．敦煌吐鲁番唐代法制文书考释．北京：中华书局．

陆贽．2005．陆宣公奏议．北京：北京图书馆出版社．

罗彤华．2013．唐代官方放贷之研究．桂林：广西师范大学出版社．

马端临．2007．文献通考．杭州：浙江古籍出版社．

荣新江，李肖，孟宪实．2008．新获吐鲁番出土文献（上）．北京：中华书局．

宋敏求．2008．唐大诏令集．北京：中华书局．

唐耕耦．1997．敦煌寺院会计文书研究．台北：新文丰出版公司．

脱脱．2011．宋史．北京：中华书局．

王溥．1985．唐会要．北京：中华书局．

王钦若．1996．册府元龟．台北：台湾大华书局．

王祥伟．2008．敦煌文书关于“四柱结算法”外欠帐务的两则资料．中国社会经济史研究，1：28－31．

王祥伟．2012．一件新出吐鲁番文书及其在四柱结算法研究中的意义．西域研究，3：90－95．

王永兴．1991．唐勾检制研究．上海：上海古籍出版社．

吴俊深．2013．现代审计大辞典．武汉：崇文书局．

谢和耐．2004．中国5～10世纪的寺院经济．上海：上海古籍出版社．

谢深甫．2014．庆元条法事类．北京：国家图书馆出版社．

徐天琪，陆德生，唐先田．1991．文苑英华．北京：中国文史出版社．

杨际平．1991．四柱结算法在汉唐的应用．中国经济问题，2：61－63．

郁晓刚．2012．敦煌寺院财务结算浅析——以应在帐为中心．中国经济史研究，4：133－141．

中国社会科学院历史研究所天圣令整理课题组．2006．天一阁藏明钞本天圣令校证附唐令复原研究
　　　（下）．北京：中华书局．

Research and Discussion on the Relationship between Accounting Control and Financial Operation: With Receivable Accounting Books about Tang and Song Dynasty as an Example

Jiwei Hao

Abstract: The emergence of receivable account and peg algorithm is closely linked, it has obvious effects on improving the efficiency of national finance management, its significance is far – reaching. Before the early and middle stage of Tang Dynasty, because the perfect hook inspection system, it can be quickly converted into physical assets; in the late Tang Dynasty, it become the real "Assets only in Books ", the problem has seriously affected the normal operation of government finance. In the Song Dynasty, the connotation has been further developed, mainly refers to the revenue which should be remained to the local province, there are many receivable account styles in "Qingyuan law class". Through the management of receivable account, the central government controlled the local government about their financial rights effectively and completely. The evolution of the relationship between the receivable accounting books and the financial management has important practical significance for the improvement of the government accounting reform and governance capability in our country.

Keywords: Receivable Accounting Books; Assets Only in Books; Check Collection; Financial Management Efficiency

《会计论坛》撰稿须知

《会计论坛》是由中南财经政法大学会计研究所主办的会计类专业学术理论刊物，于 2002 年 5 月创刊，主要刊载会计、财务与审计领域里的最新理论研究成果，同时也兼顾实务性的有价值的研究成果，热忱欢迎国内外作者赐稿。为方便作者撰稿，特做如下约定。

1. 来稿要求。来稿须观点鲜明，主题突出。本刊适用的文章大致有以下三个方面的基本要求：第一是学术性，即要有新观点、新思路、新方法和新资料；第二是思想性，即要有一定理论水平和较强思辨性；第三是前沿性与导向性，即要能够充分关注和反映会计学界最前沿的理论动态和信息，如介绍和宣传会计学界较有影响的科研学术信息和观点综述以及会计领域某一学科的发展研究报告等。

2. 来稿篇幅。学术论文一般控制在 15000 字左右（含注释与参考文献）。

3. 来稿信息。应包括两个方面的内容。

（1）基本信息。含作者署名、工作单位、作者简况（姓名、出生年月、籍贯、学位、职称、现工作单位、主要职衔、主要研究方向和主要科研成果等重要信息）、通信地址、电话、传真、电子信箱等；若系基金资助项目，请注明项目的名称、来源与编号。

（2）学术论文。应包括以下 8 个方面的内容：

①论文标题（不超过 20 个汉字，中英文）。

②作者署名（中英文）。

③论文摘要（300 字以内，中英文）。

④关键词（3~5 个，中英文）。

⑤正文。采用文科编排规范，其一级标题标号为"一、""二、"……，二级标题标号为"（一）""（二）"……，三级标题标号为"1.""2."……。文中图、表和公式均用阿拉伯数字连续编号，如图 1、图 2 和表 1、表 2，以及（1）（2）等。图和表应有简短确切的名称，图号图名应置于图下，表名表号置于表上，公式号置于右侧。

⑥附注。采用页下注形式，每页重新编号。

⑦参考文献。请列于文末，具体要求如下。

A. 列示范围。仅限于作者直接阅读过的、引用在论文中的文献。

B. 引用方式。论文中引用参考文献的,应使用"著者 – 出版年制",如:"会计法律制度体系建立问题决非一个单粹孤立起来从会计职业或专业本身所考虑与设计的问题"(郭道扬,2001)。对于在论文中所提及的参考文献,应当与文末所列的中外参考文献一一对应。

C. 列示顺序。基本要求为中文在前,英文在后,中文文献按第一作者姓氏的拼音为序排列,英文及其他西文文献按第一作者姓氏的字母顺序排列,第一作者相同的文献按发表的时间先后顺序排列,同一作者同一年份内的文献多于 1 篇时,可在年份后加 a、b 等字母加以区别,如 1999a、1999b 等。

D. 排列格式。基本要求如下。

期刊:著者. 出版年. 题(篇)名. 刊名,卷(期):页码.

书籍:著者. 出版年. 书名. 版本. 出版地:出版者,页码.

论文集:著者. 出版年. 题(篇)名. 见(in):论文集编者. 文集名. 出版地:出版者,页码.

⑧鸣谢及其他信息。主要是表达对论文形成过程相关支持者的感谢及其他信息。

4. 来稿采用。来稿经采用后,将酌付稿酬,并赠样刊两本。为适应我国信息化建设,扩大本刊与作者知识信息交流渠道,本刊已被中国知网、万方数据、维普资讯和超星等全文数据库收录,其作者文章著作权使用费与本刊稿酬一次性给付。作者向本刊投稿的行为即视为同意我刊上述声明。

5. 收稿地址。湖北省武汉市东湖高新技术开发区南湖大道 182 号,中南财经政法大学会计学院(南湖校区文泉楼 A607 室)《会计论坛》编辑部;邮政编码:430073。欢迎用电子信箱投稿,电子信箱:kjltzuel@ foxmail. com。

图书在版编目（CIP）数据

会计论坛 . 2020 年 . 第 1 辑／中南财经政法大学会计
研究所编 . –– 北京：社会科学文献出版社，2021.1
ISBN 978 – 7 – 5201 – 7749 – 8

Ⅰ. ①会⋯　　Ⅱ. ①中⋯　　Ⅲ. ①会计学 – 文集　　Ⅳ.
①F230 – 53

中国版本图书馆 CIP 数据核字（2021）第 006571 号

会计论坛（第 19 卷，第 1 辑，2020 年）

编　　者／中南财经政法大学会计研究所

出 版 人／王利民
责任编辑／田　康

出　　版／社会科学文献出版社·经济与管理分社（010）59367226
　　　　　　地址：北京市北三环中路甲 29 号院华龙大厦　邮编：100029
　　　　　　网址：www. ssap. com. cn
发　　行／市场营销中心（010）59367081　59367083
印　　装／三河市东方印刷有限公司

规　　格／开 本：787mm × 1092mm　1/16
　　　　　　印 张：10　字 数：208 千字
版　　次／2021 年 1 月第 1 版　2021 年 1 月第 1 次印刷
书　　号／ISBN 978 – 7 – 5201 – 7749 – 8
定　　价／78. 00 元

本书如有印装质量问题，请与读者服务中心（010 – 59367028）联系